Le Grand Livre des
Enigmes Tome I

很美很美的猜谜书

[法]法布里斯·马萨 ◎著
[法]希尔文·路易勒
[法]伊凡·西格 ◎绘
刘萌 ◎译

北方文艺出版社

黑版贸审字　08-2019-107号

原书名：LE GRAND LIVRE DES ENIGMES 1
© Hachette Livre (Marabout), Paris, 2010
Simplified Chinese translation copyright@ Beijing Lightbooks Co. Ltd, China, 2014

版权所有　不得翻印

图书在版编目（CIP）数据

很美很美的猜谜书 / (法) 法布里斯·马萨, (法) 希尔文·路易勒著；(法) 伊凡·西格绘；刘萌译. —哈尔滨：北方文艺出版社, 2021.8
　ISBN 978-7-5317-5155-7

Ⅰ.①很… Ⅱ.①法… ②希… ③伊… ④刘… Ⅲ.①智力游戏 Ⅳ.①G898.2

中国版本图书馆CIP数据核字(2021)第109567号

很美很美的猜谜书
HENMEI HENMEI DE CAIMISHU

作　者 / [法] 法布里斯·马萨　[法] 希尔文·路易勒　[法] 伊凡·西格	
译　者 / 刘萌	
责任编辑 / 李正刚	封面设计 / 烟　雨
出版发行 / 北方文艺出版社	邮　编 / 150008
发行电话 /（0451）86825533	经　销 / 新华书店
地　址 / 哈尔滨市南岗区宣庆小区1号楼	网　址 / www.bfwy.com
印　刷 / 和谐彩艺印刷科技（北京）有限公司	开　本 / 787mm×1092mm　1/32
字　数 / 100千	印　张 / 11
版　次 / 2021年8月第1版	印　次 / 2021年8月第1次
书　号 / ISBN 978-7-5317-5155-7	定　价 / 68.00元

ABLE OF CONTENTS
目录

谜题	答案		谜题	答案
爱情秘药 …… 1	174		平行六面体 …… 17	190
酒里的水 …… 2	175		1=2? …… 18	191
自行车赛 …… 3	176		数字魔术 …… 19	192
敲钟报时 …… 4	177		咒语穿插 …… 20	193
三角填数 …… 5	178		机械闹钟 …… 21	194
脑力特训 …… 6	179		艺人过桥 …… 22	195
复杂关系 …… 7	180		推理序列（一） …… 23	196
数字之和 …… 8	181		玻璃工程 …… 24	197
极速心算 …… 9	182		铁钉盾牌 …… 25	198
各遂所愿 …… 10	183		卫兵的武器 …… 26	199
图形裁剪 …… 11	184		年龄的计算 …… 27	200
小鱼转向 …… 12	185		三角排列（二） …… 28	201
三角排列（一） …… 13	186		巧变叉子 …… 29	202
和尚爬山 …… 14	187		符号阵列 …… 30	203
8颗药丸 …… 15	188		一笔连线 …… 31	204
谜之三角 …… 16	189		颜色推理 …… 32	205

渡河难题	33	206		火柴的方	57	230
趣味减法	34	207		5个正方形	58	231
手稿编页	35	208		房屋通道	59	232
残障感官	36	209		隔离病人	60	233
深洞取球	37	210		8个皇后	61	234
旗面填数	38	211		4个皇后1个象	62	235
三角计数	39	212		保险箱密码	63	236
真假钻石	40	213		铺设地毯	64	237
酒有多少	41	214		走进神秘岛	65	238
奇怪的等式	42	215		推理序列(二)	66	239
头饰剪裁	43	216		推理序列(三)	67	240
管道连接	44	217		越狱路径	68	241
火柴阵列(一)	45	218		手表调校	69	242
火柴阵列(二)	46	219		爸爸在哪里	70	243
心算到底	47	220		斯芬克斯的谜题	71	244
巧算24	48	221		几儿几女	72	245
世纪预言	49	222		找出毒药	73	246
竞赛统计	50	223		勇闯恶魔桥	74	247
输即是赢	51	224		磁力铁棒	75	248
头饰辨色	52	225		通行口令	76	249
罗马数字等式(一)	53	226		铁窗上的景象	77	250
罗马数字等式(二)	54	227		转动的齿轮	78	251
知你所想(一)	55	228		母鸡下蛋	79	252
知你所想(二)	56	229		猫捉老鼠	80	253

题目	页码1	页码2
谁的儿子	81	254
赶骡子的人	82	255
中庭的正方形	83	256
宝石的三角	84	257
硬币排线	85	258
层层叠塔	86	259
一气呵成	87	260
古怪的瓷砖	88	261
毛袜配对	89	262
金币和银币	90	263
11根树枝	91	264
分绵羊	92	265
乘积问题	93	266
所有实数均为正?	94	267
黑白交替	95	268
排列钱包	96	269
赚了多少	97	270
败家女人	98	271
谁被杀害	99	272
空杯装水	100	273
卡和字母	101	274
纸牌解密	102	275
灯芯计时	103	276
盒子里的秘密	104	277
飞行的蜻蜓	105	278
回文骑士	106	279
囚禁之塔	107	280
池塘里的睡莲	108	281
鸟与龙	109	282
蜗牛爬墙	110	283
猎熊奇遇	111	284
数字时钟	112	285
平分田地	113	286
塔里的囚犯	114	287
消失的1元钱	115	288
听音点烛	116	289
两名守卫	117	290
生死抉择	118	291
心算风暴	119	292
妙用加法	120	293
特殊的生日	121	294
哪月28天	122	295
5个三角形	123	296
火柴阵列(三)	124	297
教授的谜题	125	298
阴影之下	126	299
相交的斜纹	127	300
硬币叠塔	128	301

神奇的正方形	129	302	省钱的办法	151	324
面包切片	130	303	三人游戏	152	325
法式烘饼	131	304	墨水和笔	153	326
今天星期几	132	305	调换石块	154	327
特别的日期	133	306	教堂的圆柱	155	328
图形变换	134	307	骑马比赛	156	329
长图形变换	135	308	比武大会	157	330
谁在说谎	136	309	3个女儿	158	331
几个农奴	137	310	玫瑰灌木	159	332
伤残比例	138	311	节俭的修士	160	333
兔子和鸡	139	312	森林大火	161	334
数字母	140	313	弓箭转向	162	335
数字等式	141	314	花窗上的圆	163	336
瞭望台的哨兵	142	315	推理序列（五）	164	337
一脉相承	143	316	父子年龄	165	338
书虫与手稿	144	317	严刑拷打	166	339
交汇点	145	318	长矛进城	167	340
推理序列（四）	146	319	城堡的楼梯	168	341
序列里没有4	147	320	头发一样多	169	342
父子钓鱼	148	321	3个德国人	170	343
行进的马车	149	322	房子的朝向	171	344
硬币的面值	150	323	沙漏计时	172	345

over potion

爱情秘药

大法师受命为亚瑟王调制一服爱情秘药，符咒书上的配方要求的原料之一是4升蟾蜍油。而法师只有两个量杯，一个容积5升，另一个3升，杯壁并没有其他刻度线。那么，在这种情况下要如何准确地量出4升油呢？

答案在第174页

ater in the wine

酒里的水

现有两个完全相同的玻璃杯，一个装150毫升的酒，另一个装150毫升的水。现在从装水的杯子里取1勺水倒入装酒的杯中，搅拌均匀。接着从搅匀的混合液体中用同样的勺子再取1勺倒入装水的杯中。如此一来，两个杯子各自装有150毫升的混合液体。试问是酒杯的含水量高呢，还是水杯的含酒量高？

答案在第175页

icycle race

自行车赛

一场自行车赛正在激烈进行中,选手罗兰奋起直追,终于超越了位居第二的选手。但好景不长,在终点撞线之前的一刹那被另外两位选手抢先,抱憾落败。请问,罗兰最后的成绩是第几名?

答案在第176页

 ells

敲钟报时

"钟楼怪人"在巴黎圣母院教堂里负责敲钟报时。4点钟的整点报时他花了3秒钟,那么正午的报时需要花多少时间?

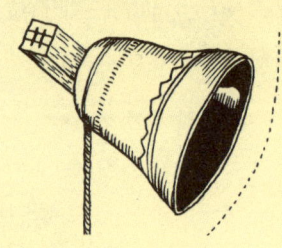

答案在第177页

oley triangle

三角填数

请在下方三角形的空格中填上数字，使得格子中每一个数字都正好等于其正下方两个相邻格子数字之和。

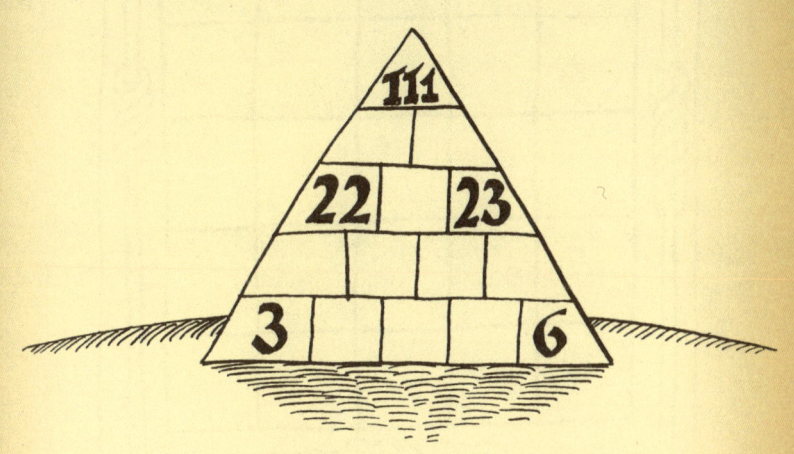

答案在第178页

rain-teaser
脑力特训

请在下方的正方形格子内填入a、b、c、d、e这5个英文字母,要求在横排、竖排、对角线上的字母均无重复。

答案在第179页

imship link

复杂关系

你是一位男士,如果另一位男士的儿子是你儿子的父亲,请问这位男士与你是什么关系?

答案在第180页

he sum of 1 to 100

数字之和

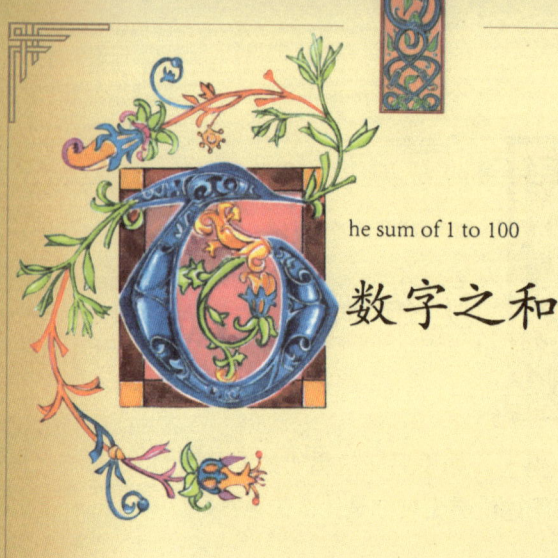

1到100所有数字相加,总和是多少?

答案在第181页

ental arithmetic

极速心算

30除以$\frac{1}{2}$再加20等于多少?

答案在第182页

ach in their place

各遂所愿

手抄室需要重新安排各工作人员的座位。瑞莎夫人想坐在缇娜修士的后面,但缇娜修士则坚持要坐在瑞莎夫人的后面,两人互不让步,这个两难问题要如何解决?

答案在第183页

quare cut

图形裁剪

  骑士的甲胄正面贴有"十"字形的标志。请使用剪刀剪两次让"十"字形变为正方形（剪完后可重新拼排）。

答案在第184页

ish

小鱼转向

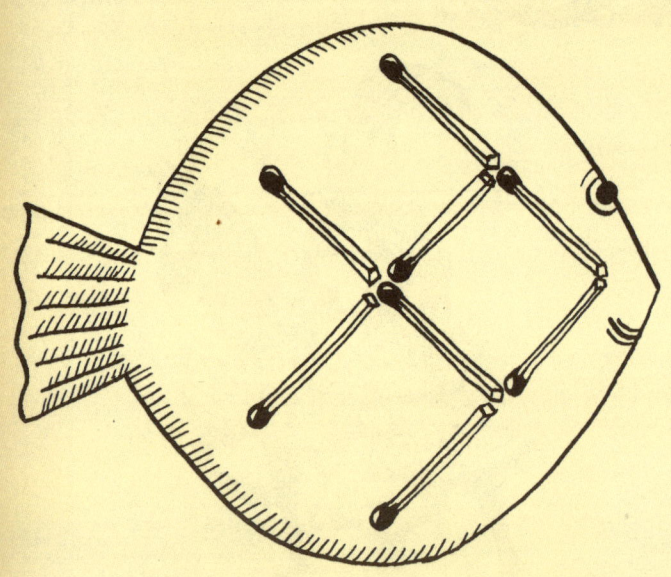

上图用8根火柴拼成了一条头朝右的小鱼。请移动3根火柴让小鱼头朝左。

答案在第185页

riangles from matches 1

三角排列（一）

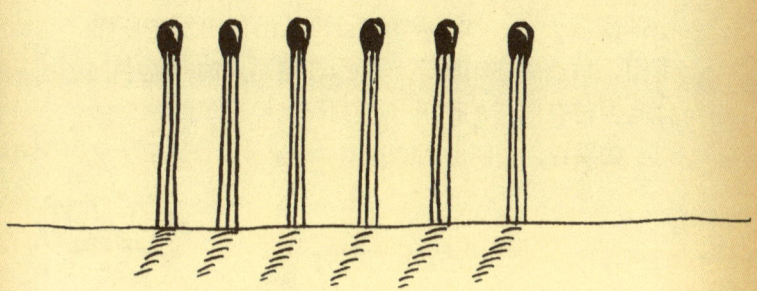

巴黎街头某一木匠工坊中，师父让学徒们用6根火柴拼成8个等边三角形，请问要如何实现？

答案在第186页

he monk and the mountain

和尚爬山

一个和尚用餐时触犯了戒律,需要爬山苦修。他早晨9点出发登山,中午抵达山顶。当天晚上在山顶露宿一夜,次日早晨9点再从山顶出发走原路下山,11点到达山脚下。那么在这两天的行程中,他是否曾在同样的时间(不同天)经过了同一个地点?如果有,如何证明?

答案在第187页

ills

8 颗药丸

医生给一位患者开的治疗处方是8颗药丸,要每15分钟服用1颗。请问要将所有药丸服用完毕需要多少时间?

答案在第188页

iddle Triangle

谜之三角

请观察下方两个图形：

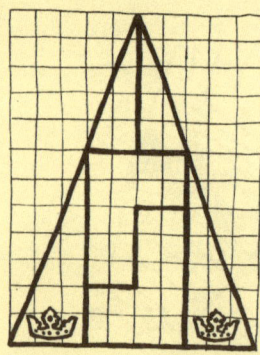 

第一个图形经过重新排列之后变成了第二个图形，但中间却多了两个小格（画线处）。那么应该如何解释这块凭空多出来的区域？

提示1：有些直线并非是真正的直线。
提示2：这两个图形并不是大三角形。

答案在第189页

arallelepiped

平行六面体

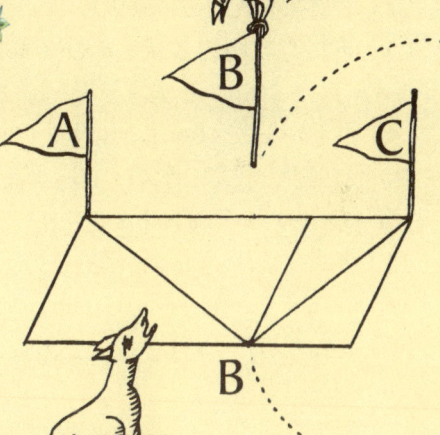

线段AB大于线段BC?

1 = 2 ?

假设 $a=1$,$b=1$

(1) 那么很显然：$a=b$

(2) 然后在等式两边各乘以 a,即 $a \times a = a \times b$

(3) 再将等式两边各减去 $b \times b$,即 $a \times a - b \times b = a \times b - b \times b$

(4) 由于 $a \times b - a \times b = 0$,所以将 $a \times b - a \times b$ 加入等式左侧,而右侧用 b 提取公因数,即

$a \times a + a \times b - a \times b - b \times b = b \times (a-b)$

(5) 等式左边用 a 和 b 作公因数进行因式分解,即 $a \times (a+b) - b \times (a+b) = b \times (a-b)$

(6) 等式左边用 $(a+b)$ 提取公因数,即 $(a+b) \times (a-b) = b \times (a-b)$

(7) 两边略去 $(a-b)$ 简化等式,即 $a+b=b$

(8) 由于 $a=1$,$b=1$,所以 $2=1$

好像哪里不对……过程中哪里弄错了？

答案在第191页

wo ways of writing the same number?

数字魔术

假设a=0.9999999999…

请注意，a的小数部分为无穷多个9（如果我们把$\sqrt{2}$写成小数形式，后面也是无穷多位）。所以在此我们将a定义为整数部分为0，小数部分为9的无限循环。

（1）根据定义，a=0.9999999999…

（2）在等式两边各乘以10，那么10×a=9.9999999999…

（3）把等式右边的整数与小数分开，那么10×a=9+0.9999999999…

（4）根据定义，把等式右边做个转换，那么10×a=9+a

（5）等式两边各减a，那么10×a−a=9

（6）把等式左边用a提取公因数，那么（10−1）×a=9，即9×a=9

（7）等式两边各除以9，那么a=1

也就是说，1=0.99999999…

怎么回事，这个结论正确吗？

答案在第192页

bracadabra

咒语穿插

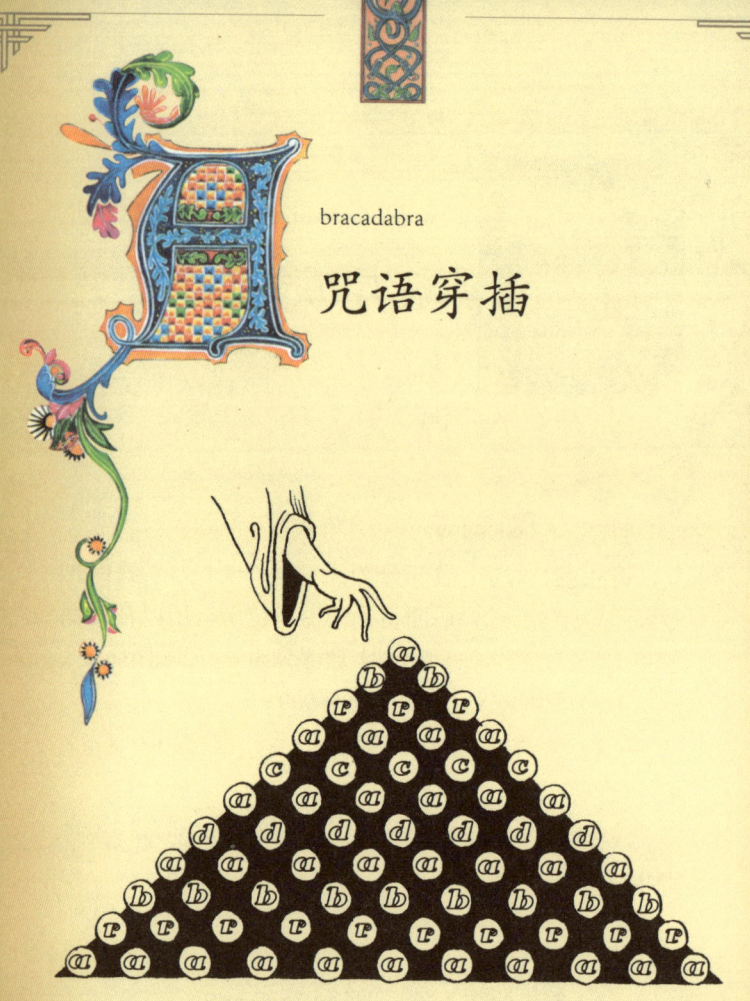

现有一段咒语"abracadabra"需要通过三角咒语塔将其按顺序组合起来,从最顶端的字母a开始,只能通过相邻的字母往下传,那么有多少种方式可以将咒语"abracadabra"完整组合出来?

答案在第193页

echanical alarm clock

机械闹钟

明天早晨有重要会议需准时参加,所以你打算使用机械闹钟(圆盘带指针,铃声大)来提醒自己起床。晚上9点的时候,你将闹钟设定到早晨10点,就早早入睡了。现在请问,在闹钟响起之前你能睡多久?

答案在第194页

roubadour

艺人过桥

一位街头卖艺的艺人带着3件物品（皮球、帽子、保龄球瓶）欲过桥，桥头的守卫提醒道："这座桥只能承受一个人外加两件物品的重量。而且就桥的长度而言，你也不可能把多余的东西从这边抛到桥的对面。"艺人思索了片刻，用了一个巧妙的办法成功过了桥，他是怎么做到的？

答案在第195页

ogical series 1

推理序列（一）

按照下面的规律，在剩下的空格中填入内容。

ottffss___

答案在第196页

lassworkers

玻璃工程

沙尔特大教堂需要安装彩绘玻璃窗,有两名玻璃工人得到消息后争相要接下这个工程。于是大主教决定出一道题目,谁能答出就把工程给谁。这道题是这样的:

有一块边长24厘米的正方形玻璃,还有一个直径5厘米的铁环。请将这块玻璃切成大小形状相同的4块,让每块玻璃都能穿过这个铁环,而且穿环的过程中不得损坏玻璃。

两人都可以拿到一把金刚石玻璃刀用于切割玻璃,那么需要怎么做才能完成任务?

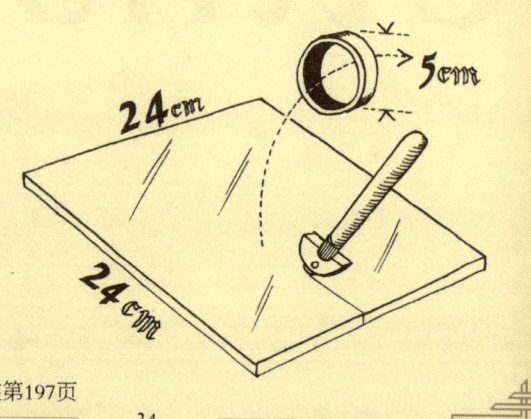

答案在第197页

tudded shield

铁钉盾牌

骑士有一面钉有铁钉的盾牌,请将此盾牌分成大小形状相同的4块,让每一块上面的铁钉数量相同。

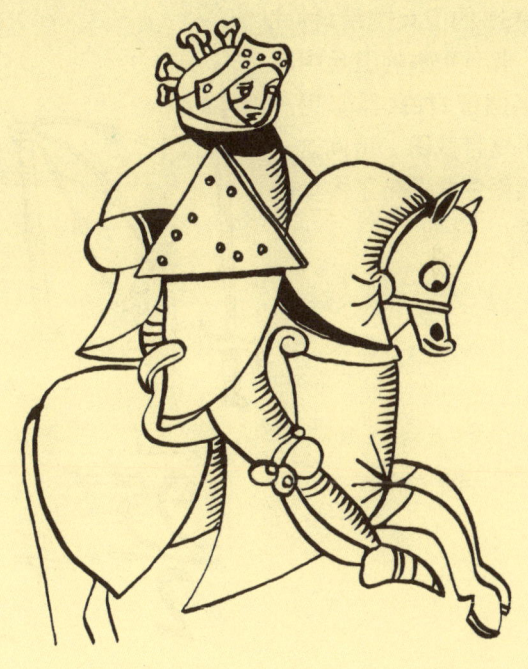

答案在第198页

uardhouse

卫兵的武器

600名卫兵正在备战，其中5%的卫兵携带1种武器，其他95%的卫兵中有一半携带2种武器，另一半不携带武器。请问这一卫兵团总共携带了多少件武器？

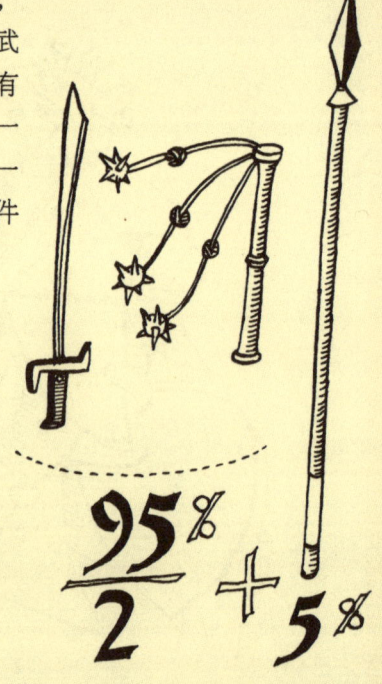

答案在第199页

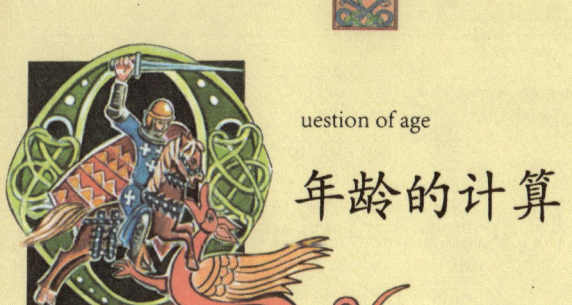

uestion of age

年龄的计算

老师问学生:"我现在的年龄是你当年的4倍,而我当年的年龄跟你现在一样。我现在40岁,请问你现在多少岁?"

答案在第200页

riangles from matches 2

三角排列（二）

在建筑工地上，一名工人趁着休息时间在琢磨如何用6根火柴拼成4个等边三角形。

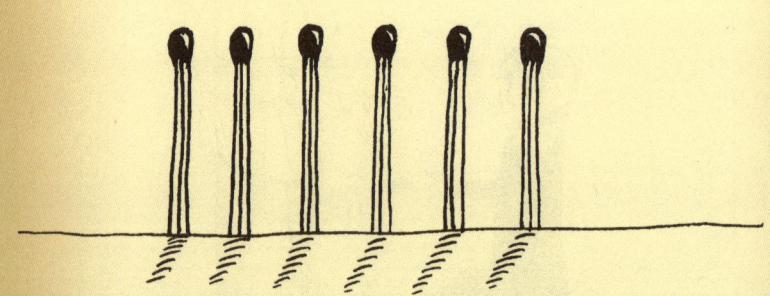

答案在第201页

ork

巧变叉子

下图用4根火柴拼成了一个叉子的形状,叉子内侧放了几块大理石子。只需要移动2根火柴,即可将大理石变到叉子外侧。要移动哪两根火柴呢?

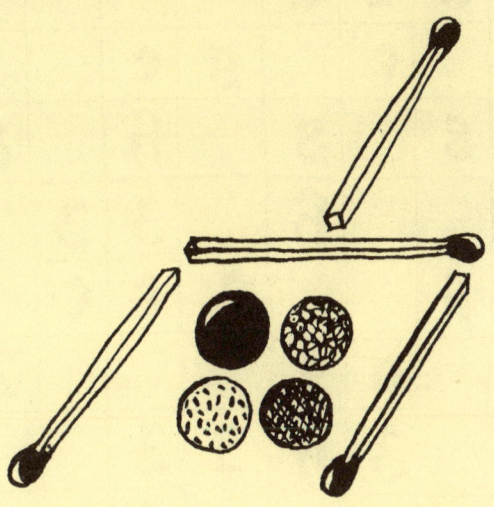

答案在第202页

ymbols

符号阵列

请将下图的正方形分成大小、形状完全相同的4块,且每一块都包含7个不同的符号。

答案在第203页

ine points

一笔连线

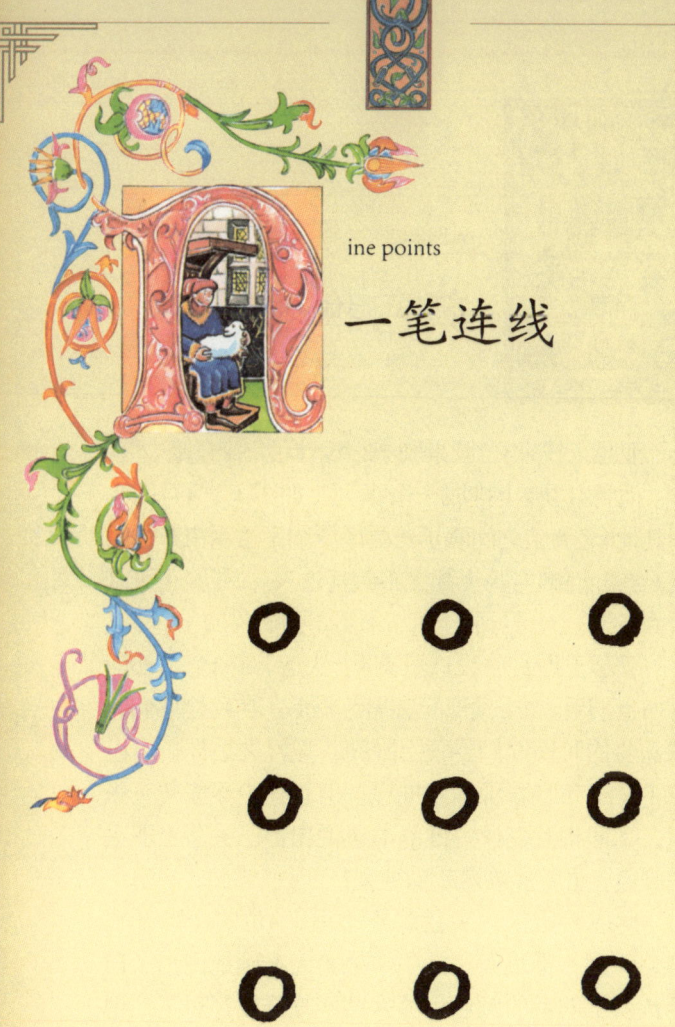

一位设计师正面临一道难题:需要在不停笔的前提下,画出4根首尾相接的直线将图中的9个点连起来,你能帮助他完成这个任务吗?

答案在第204页

ndian file

颜色推理

亚瑟王找来4位圆桌骑士,设计了一个挑战。

他将4位骑士排成一个纵列(如图),4号骑士同其他3名骑士之间隔了一层厚厚的不透明帘布,因此3号骑士和4号骑士都看不到其他人。2号骑士可以看到3号骑士,1号骑士可以看到2号和3号骑士。

亚瑟王说:"我这里有4个头盔,有2个顶部配有白色羽毛,2个顶部配有黑色羽毛。在我给你们佩戴头盔的时候你们要蒙上眼睛。戴好之后你们可以取下蒙眼布睁眼观察和推理,但过程中不能转头张望,不能相互交谈。谁能准确说出自己头盔上羽毛的颜色,谁就能赢得断钢神剑!"

挑战开始了。头盔戴好之后,4位骑士睁开眼睛,经过一番思考,其中一位骑士准确地说出了自己头盔上羽毛的颜色。那么请问是哪位答对了?他是如何推理的呢?

答案在第205页

wolf, a goat and a cabbage

渡河难题

一位猎人带着一只羊、一头狼和一颗白菜准备渡河回家。而河边只有一艘非常小的渡船，猎人一次只能带一种动物或者一件东西一起上船，剩下的只能暂时留在岸边。但只要没有猎人盯着，狼就会吃羊，羊则会吃白菜，要怎样才能避免损失，将狼、羊和白菜都带到对岸去呢？

答案在第206页

 ubtraction

趣味减法

36可以被6减去多少次?

$$36 \atop -6 \over $$

答案在第207页

anuscript

手稿编页

手抄员正在为一份手稿填写页码,从0写到100。那么这个过程中,数字"9"会被写到多少次?

答案在第208页

andicaps

残障感官

如果一个人因故变盲、聋、哑,那么他还剩下几种感官?

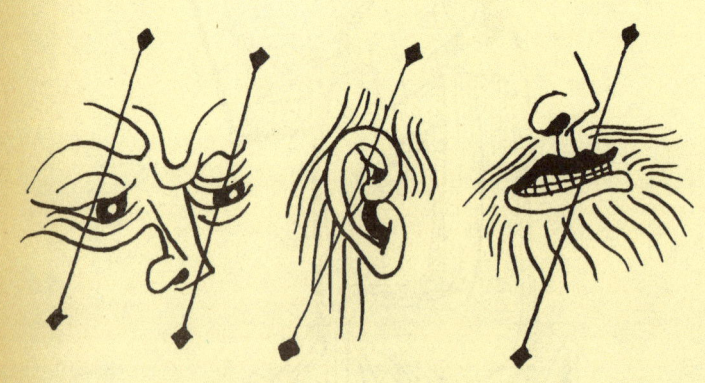

答案在第209页

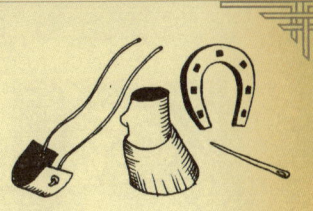

all

深洞取球

两个小男孩在打乒乓球,不小心把球打进了地面上一个深25厘米的圆柱形坑洞里。洞口的直径比乒乓球仅宽1厘米。两个男孩身边只有1个弹弓、1只动物蹄子、1根绣花针和1块马蹄铁,要怎样才能把球取出来呢?

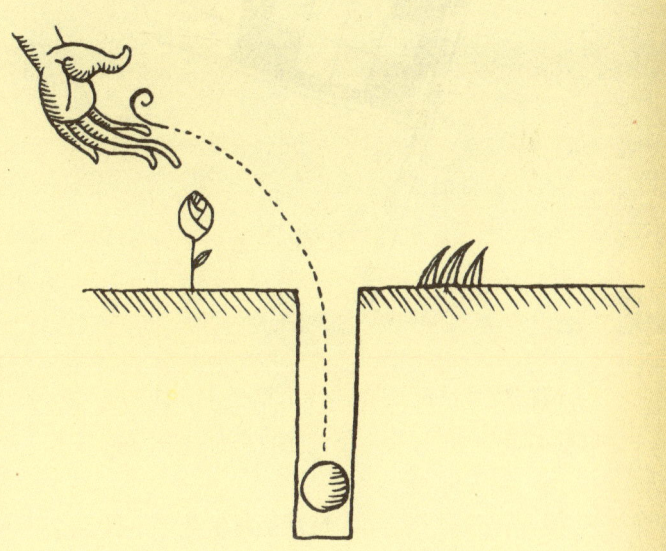

答案在第210页

tandard

旗面填数

下图的旗上有8个正方形格子：

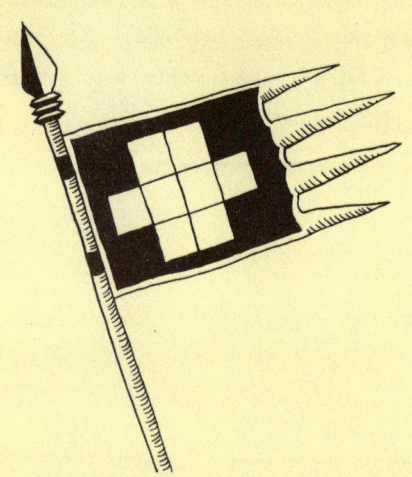

请将数字1~8分别填入8个格子中，使得这些格子从横向、纵向、对角都不会出现顺序上相邻的数字。

提示：有两个数字的特性是其他数字不具备的。

答案在第211页

riangle and sums

三角计数

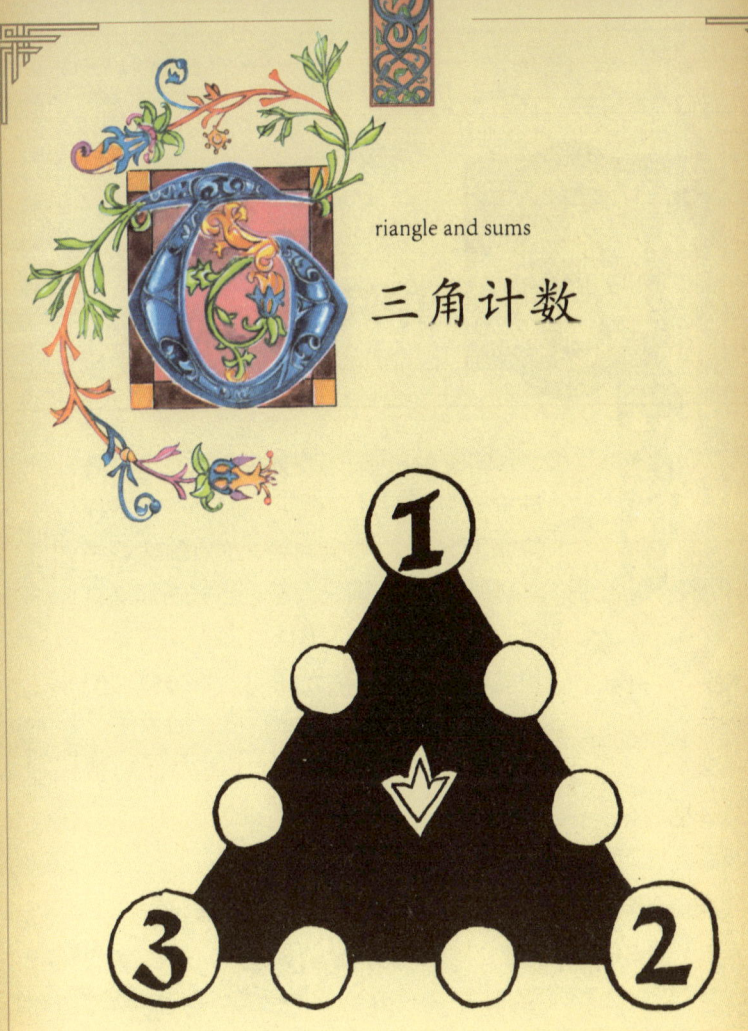

4~9之间有6个数字,请将它们分别放入上图三角形3条边上的6个圆内,使得各边的数字总和均为17。注意每个数字只能使用1次。

答案在第212页

recious stones

真假钻石

国王想打造一顶镶钻皇冠，于是宣珠宝商带钻石进宫觐见。而国王的密探传来消息说，珠宝商带来的9颗钻石中有1颗是假的。国王大怒，当庭质问珠宝商，珠宝商却死不承认。国王知道每一颗真钻石重量都是一样的，只有假的那颗稍微偏重。于是国王找来一台天平，只称了两次就把假的钻石找出来了。他是怎么做到的？

答案在第213页

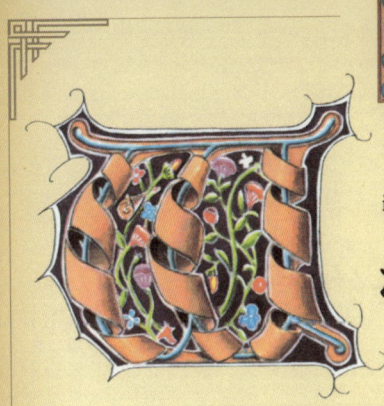

ine level

酒有多少

两个酒鬼在路边找到一桶酒，酒桶没盖子，里面大约盛有半桶酒。他们俩一个认为里面的酒比半桶多，另一个则认为比半桶少。假设这个酒桶的形状完全对称，在没有其他测量仪器、工具以及其他容器的帮助下，要如何确定谁说得对？

答案在第214页

trange equality

奇怪的等式

以下的等式要在什么年代才能成立?

$$31_{OCT} = 25_{DEC}$$

提示：OCT既代表10月份也代表八进制，DEC既代表12月也代表十进制。

答案在第215页

ut-out

头饰剪裁

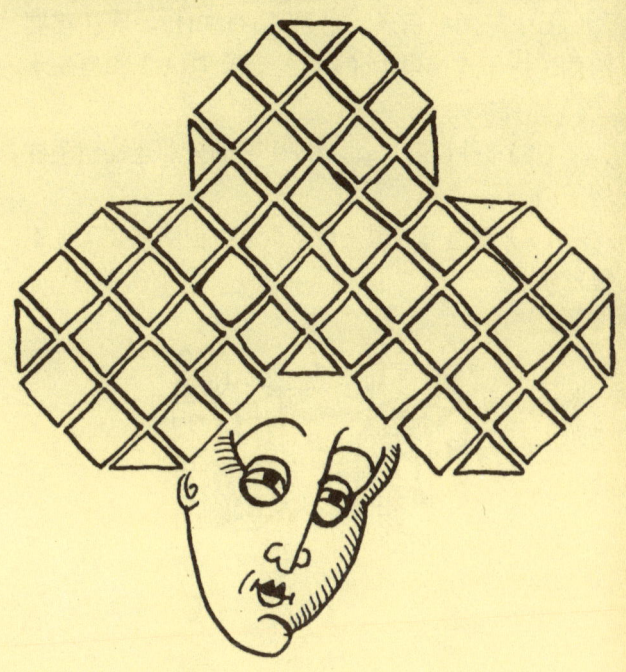

如何把这个头饰剪成大小形状完全相同的4块?

答案在第216页

onnections

管道连接

图中有两栋房子,分别为H1和H2。现在需要给两栋房子连接电力(a)、天然气(b)和自来水(c)。要求如下:

(1)3种管道(a、b和c)必须分别连接到两栋房子;

(2)管道可以很长可以弯曲,但不能交叉,不能重叠。

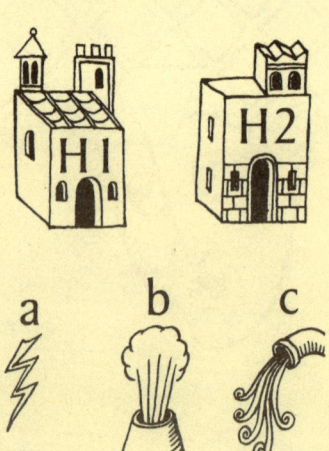

答案在第217页

atches I

火柴阵列（一）

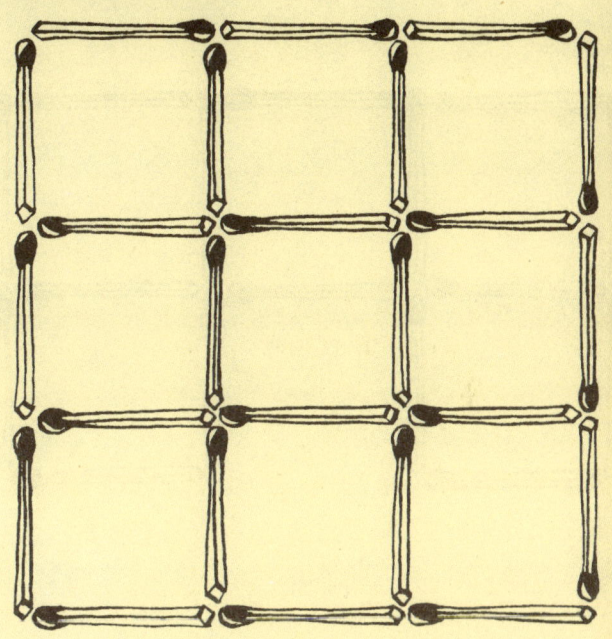

玻璃工人正在思考如何拼排彩绘玻璃窗的形状。按照上图，如果只移动8根火柴，怎样让图形变为3个正方形？

答案在第218页

火柴阵列（二）

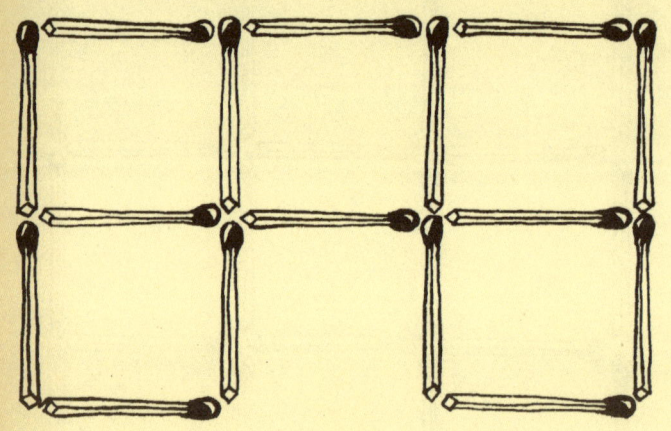

如图，在只移动3根火柴的前提下，如何把这5个正方形变成4个大小相同的正方形？

答案在第219页

ll in the head

心算到底

以下请全部用心算完成：

从100万开始：

除以4

再除以5

再除以2

再除以20

减去50

除以3再除以8

减1

再除以7

加2

除以3

加2

最后再除以5

答案是多少？

答案在第220页

ake 24 with 5、5、5、and 1

巧算 24

请使用5、5、5、1这4个数字通过加、减、乘或除,最后得到24。每个数字只能使用1次,运算次数不限。

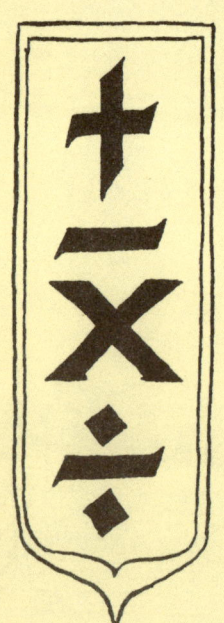

答案在第221页

rediction

世纪预言

星象学家德玛斯预言:

"2000年2月2日星期三那天会发生自公元888年8月28日以来再没出现过的全球性事件,而这样的事件要再过1000年才会再次发生。"

请问他说的是什么样的事件?

答案在第222页

ournament

竞赛统计

在前往某锦标赛现场的路上,你遇到了6名骑士,他们各自有6名马夫陪同,而每位马夫都用缰绳牵着2匹马,每匹马的背上还坐着2个孩子。

请问有多少人、多少动物要去锦标赛现场?

答案在第223页

ho loses wins

输即是赢

一次竞技的结果,两名骑士平手。为决定胜负,国王宣布,谁的马最后抵达前方地平线上那座高高的哨塔,谁就赢得比赛。国王话音刚落,两名骑士飞一样地奔向马厩,骑上马就往塔楼疾驰而去!

该如何解释两名骑士不合逻辑的行为呢?

答案在第224页

eadpiece

头饰辨色

一个房间内放有3顶黑色的头饰和2顶白色的头饰，3位宫女被带入房间内挑选头饰，其中第三位是盲人。而房间内漆黑无光看不见，只知道头饰是三黑两白，宫女们也没在意，各自随便拿了一顶戴在头上，剩下的两顶被移往别处。

之后，房间内蜡烛点燃，管事的公公问她们能否猜出自己头饰的颜色。第一位宫女看了看其他两位，然后说："不能！"第二位宫女也看了看其他两位，说："不能！"第三位宫女虽然盲了，但稍作思索之后说道："能！"

这位盲眼的宫女是如何猜出自己头饰的颜色的？

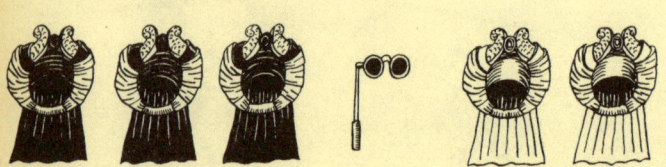

答案在第225页

quation in Roman number 1

罗马数字等式（一）

$$XI+I=X$$

在不修改的情况下，如何使得上述等式成立？

答案在第226页

quation in Roman number 2

罗马数字等式（二）

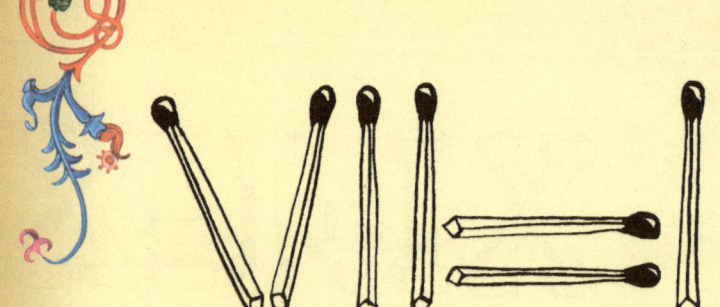

只移动1根火柴，如何使得等式成立？（不可以把"="变成"≠"）

答案在第227页

hought detector 1

知你所想（一）

请在心里任意想一个两位数，用这个两位数减去其十位和个位上的数字，然后从下表中找出所得结果对应的符号。

99 n	98 o	97 R	96 b	95 o	94 T	93 l	92 ^	91 T	90 _
89 z	88 S	87 ^	86 M	85 m	84 b	83 {	82 J	81 S	80 N
79 l	78 O	77 U	76 S	75 u	74 l	73 R	72 S	71 u	70 m
69 6	68 u	67 o	66 S	65 M	64 o	63 S	62 ^	61 J	60 {
59 h	58 d	57 f	56 u	55 u	54 U	53 U	52 M	51 i	50 o
49 i	48 l	47 x	46 h	45 S	44 n	43 l	42 n	41 N	40 b
39 ^	38 m	37 v	36 S	35 u	34 z	33 z	32 S	31 l	30 ^
29 ^	28 v	27 S	26 U	25 O	24 z	23 x	22 {	21 v	20 U
19 b	18 S	17 o	16 l	15 u	14 o	13 T	12 f	11 l	10 b
9 S	8 l	7 T	6 d	5 T	4 ^	3 S	2 o	1 i	0 S

现在请立刻翻一下答案。

答案在第228页

hought detector 2

知你所想（二）

在1~10之间选一个数字，乘以2，加8，得到的结果再除以2，最后再减去你最初选择的数字，然后从下图中找到最终结果所对应的字母。

接着，快速想出一个以此字母开头的国家的名字，然后再用这个国家名字的第二个字母打头，想出一个体型很大的动物。

现在请翻一下答案。

答案在第229页

quare of matches

火柴的方

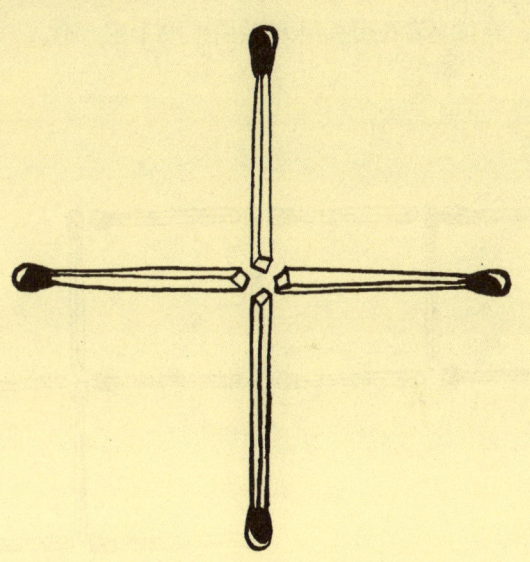

4根火柴拼成了1个"十"字形,请移动1根火柴让其变成"方"。

提示:"方"除了方形,还有别的意思。

答案在第230页

ive squares

5个正方形

一位老者在街头用火柴排出了5个正方形。

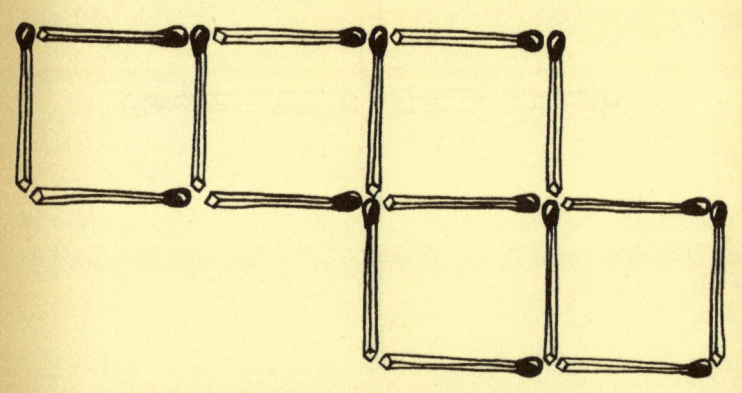

你有没有办法只移动2根火柴将其变成4个大小相同的正方形?

答案在第231页

athways

房屋通道

请画线将1号房子同1号房子连接，2号房子同2号房子连接，3号房子同3号房子连接。线和线不能交叉，也不能画到方框之外。

答案在第232页

solation

隔离病人

医院里有一位病人不幸染上瘟疫,为避免疫情蔓延,医院负责人决定用两个不同大小的方形隔断将所有病人隔开。

那么要如何安置这两个方形隔断才能将每一位病人都隔离开呢?

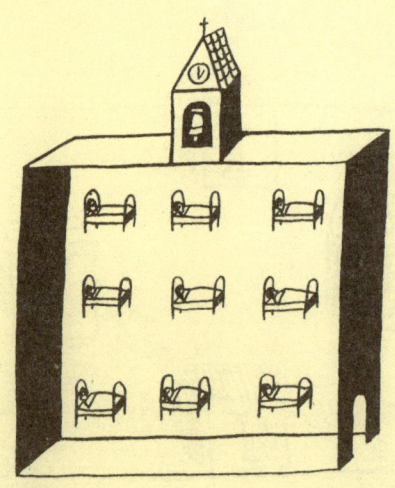

答案在第233页

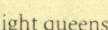

8个皇后

请在下方的国际象棋棋盘上放置8个皇后棋子,使得每个皇后都无法被别的皇后吃掉。

提示: 皇后棋子走直线和斜线。

答案在第234页

our queens and a bishop

4个皇后1个象

请在下方的国际象棋棋盘上放置4个皇后棋子和1个象棋子,使得对手的国王无论如何放置,都会被"将军"?

提示:皇后走直线和斜线,象走斜线。

答案在第235页

ccurrences

保险箱密码

国王想不起存放珠宝的保险箱密码了,于是去找他的司库大臣求助。当初设定密码的时候,司库大臣写了一张用作提示密码的纸条,以防万一。于是司库大臣拿出了那张纸,上面写着:"如需解开保险箱密码,请将以下句子的空白处填上数字,使得整句的语义符合逻辑(填入的数字也需要列入考量)。填入的10个数字按顺序列出便是密码。"

以下为需要填空的句子:

"在本句中,0出现____次,1出现____次,2有____次,3有____次,4有____次,5有____次,6有____次,7有____次,8有____次,9有____次。"

那么,密码到底是什么呢?

答案在第236页

arpet

铺设地毯

查理大帝卧室的面积为12米×9米，卧室正中间安装有一个长方形的壁炉，长8米，厚1米。所以卧室的实际可用面积为100平方米（12×9-8×1=100）。示意图如下：

为了让房间更舒适，查理想在地上铺一块东方产的地毯，地毯大小为：10米×10米。

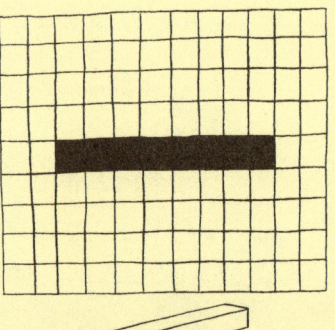

如何将地毯裁剪成大小形状相同的两张，可以正好将地面铺满呢？

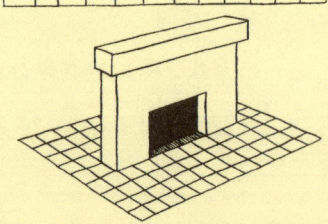

答案在第237页

Avalon
走进神秘岛

亚法隆岛是一座正方形的岛屿，四周围绕着4米宽的河流。

目前你手里只有两块长3.9米的木板，要如何将其搭成稳固的桥，引领自己走进这座充满神秘感的小岛呢？

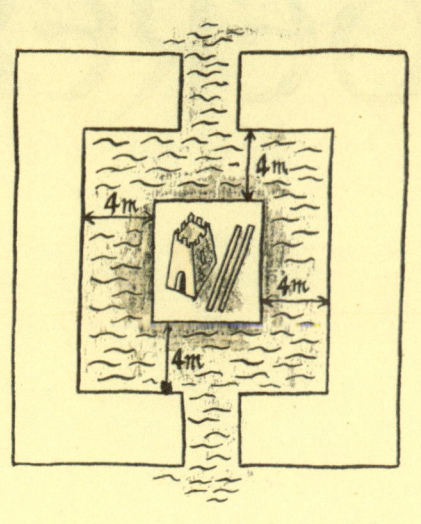

答案在第238页

ogical series 2

推理序列（二）

按照下面的规律，在剩下的空格中填入内容。

EOEREX__

ogical series 3

推理序列（三）

按照下面数列的规律，在"？"处填入内容。

1（2，3）2（5，6）4（11，30）26（？，？）？

答案在第240页

越狱路径

监狱中共有16间牢房,顶层最左边牢房的囚犯拿到了底层最右边牢房的钥匙。为了越狱,他将牢房的墙砸坏,并杀死了住在隔壁的囚犯,将其尸体留在原处。就这样他逐一经过所有的牢房,杀死所有囚犯,但过程中没有重复经过任何一间留有尸体的牢房,最后成功逃脱。那么他的越狱路径是怎样的呢?

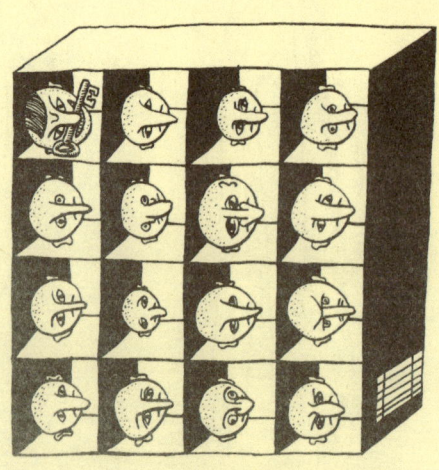

答案在第241页

lock

手表调校

　　卡森有一块机械手表，却常常忘记给手表上发条。他常去大教堂前的广场与自己心仪的女孩约会，如果表停了，他就会在约会时看看教堂顶上的大钟，回家后再把手表调整为正确时间。但目前只知道他来回所花费的时间相同，但并不清楚单程具体花了多少时间，那么他是怎么校对时间的呢？

答案在第242页

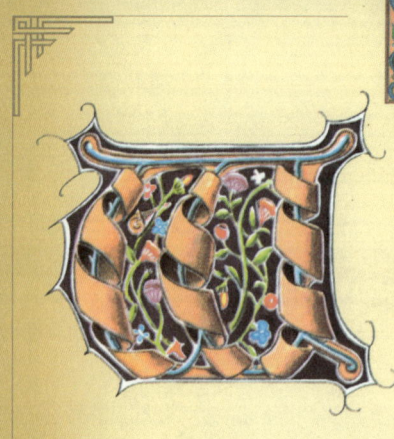

here is the father?

爸爸在哪里

柏莎夫人现在比儿子大21岁，6年后，她的年龄将会是儿子的5倍。

从以上描述给出的信息，请推断孩子的爸爸此时在哪里。

答案在第243页

he sphinx

斯芬克斯的谜题

什么动物小时候4条腿,长大后2条腿,老了之后3条腿?

答案在第244页

hildren
几儿几女

弗雷家有5个孩子,其中一半是女儿,这是什么情况?

答案在第245页

^{rsenic} 找出毒药

  皇后想除掉国王的宠妃。趁着这位宠妃患病，皇后把她的药拿了12包交给一位制毒师，让制毒师掉包成毒药。而天不遂人愿，偏偏在这个节骨眼上，制毒师刚完成了一包药的掉包就暴病而死。掉包好的药包里装了12颗砒霜丸，皇后只知道砒霜丸比正常药丸轻1克，而正常药丸的重量是10克/粒。此时身边的工具只有一个单盘秤，皇后要如何确定是哪包药被做了手脚呢？

答案在第246页

rossing the bridge

勇闯恶魔桥

4个人需要过桥，可此桥有一个可怕的恶魔把守，而且恶魔每17分钟就会到桥上巡逻一次。这4个人走路的速度各自不同，A过桥需要花1分钟，B花2分钟，C花5分钟，D花10分钟。这4个人只有一个火把，没有火把则无法过桥。这座桥一次只能承受两个人的重量，那么他们要如何才能安全过桥呢？

答案在第247页

agnetism

磁力铁棒

屋里有两根圆柱形铁棒,长15厘米,底面直径为1厘米。两根铁棒外观上完全一样,区别只在于其中一根两端都带有磁性,另一根则没有磁性。现在屋里除两根铁棒外只有一张木桌,没有其他家具也没有其他金属物品,这样的情况下要如何判断这两根铁棒哪根有磁性呢?

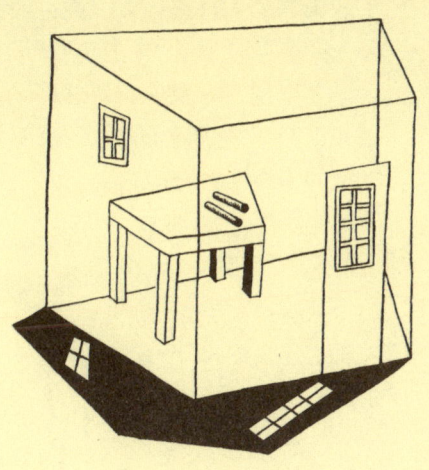

答案在第248页

assword

通行口令

罗马教皇派出了一位密探想混进另一个教派的武士会议中窃取情报。会议室门口有守卫，只有说出正确的通行口令方可入内。密探并不清楚口令为何，于是他躲在旁侧偷听其他人的对话。第一个人抵达门口，守卫说："5！"那人回答："4！"守卫点点头，放行了。第二个人过来，守卫说："6！"那人回答："3！"守卫也放行了。最后一人出现，守卫说："7！"他回答说："5！"然后就进去了。此时轮到教皇的密探了，守卫说："9！"，他该如何回答？

答案在第249页

ehind bars

铁窗上的景象

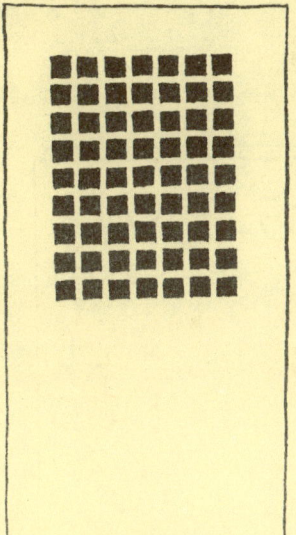

当走廊上的火把熄灭后，囚犯会在自己牢房的铁窗上看到什么？

答案在第250页

ears

转动的齿轮

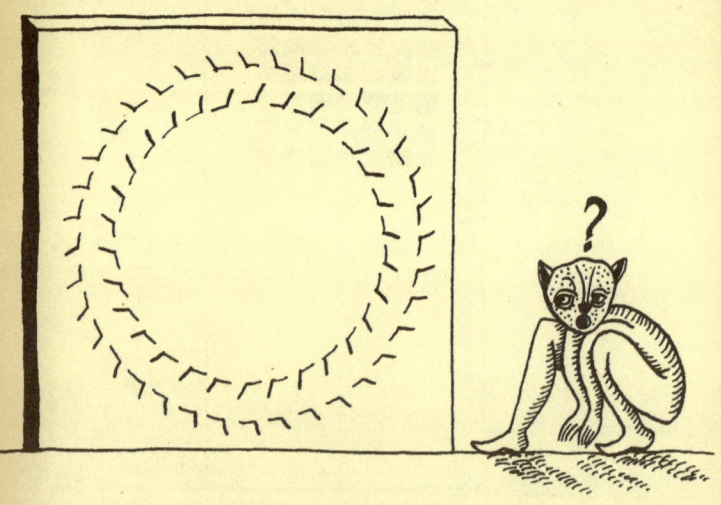

眼睛盯着这张图的中心点,然后将图像拉远,再靠近。你看到了什么样的景象?

答案在第251页

母鸡下蛋

800只母鸡8天可以下800个蛋,那么400只母鸡4天可以下多少个蛋?

 +8 days =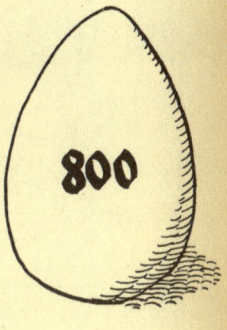

答案在第252页

ats

猫捉老鼠

如果3只猫3分钟可以捉3只老鼠,那么100分钟要捉到100只老鼠,需要几只猫?

答案在第253页

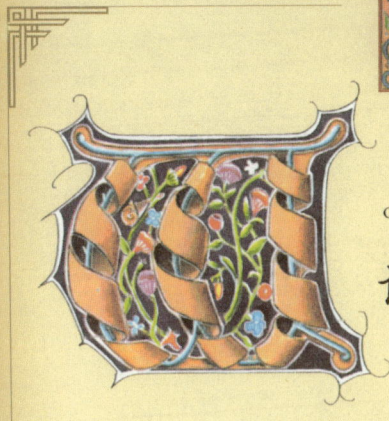

谁的儿子

一场骑士对决比赛中,一名男子同其儿子被编入同一场对决。搏斗过程中这位父亲被长矛刺中要害,当场毙命,其子受伤,被抬入帐篷接受治疗。而医师靠近担架一看,惊声叫道:"天哪!这是我的儿子!"这是怎么回事,受伤的到底是谁的儿子?

答案在第254页

ule-driver

赶骡子的人

一位赶骡子的农夫正朝着一条内街走去。内街的入口处有块牌子写着："骡子禁止入内。"农夫看了看这块牌子，依然大摇大摆地走进去了。不一会儿一位警察叫住了他，他们俩稍作交谈之后，农夫就继续往里走了，不再有人阻拦他。

发生了什么？

答案在第255页

our d'honneur

中庭的正方形

下图是皇宫里三合式中庭的平面图。请问下图中总共有多少个正方形?

答案在第256页

ount the triangles

宝石的三角

国王正注视着一颗镶在座台上的多面体宝石,心想:这里面究竟有多少个三角形呢?

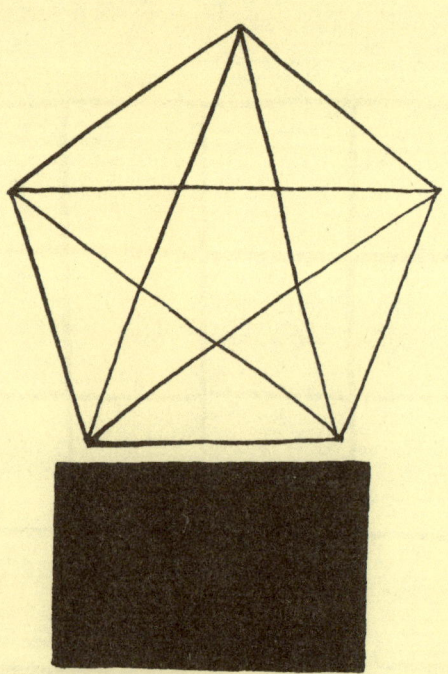

答案在第257页

ive Lines

硬币排线

请将这10枚硬币排在5条线上,让每条线都有4枚硬币。

答案在第258页

he tower, watch out!

层层叠塔

下图中左侧的叠塔由4块积木构成,请将其按原本的大小顺序转移到右侧。在转移的过程中不允许大积木叠在小积木之上,且1次只能移动1块积木,最多只能移动15次。中间的杆可以作过渡用。

答案在第259页

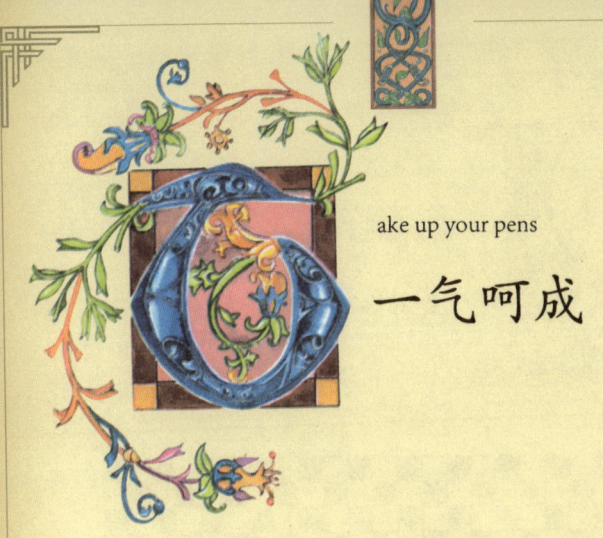

ake up your pens

一气呵成

请将下边的图形一笔画出,过程中笔不得离纸,也不得重复绘制已画出的轨迹。

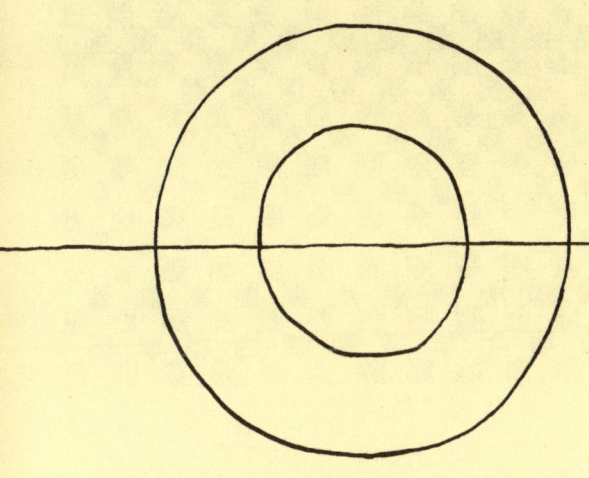

答案在第260页

razy paving

古怪的瓷砖

某个院子按照上图的样子铺满了瓷砖。请问，图中的线条看上去有什么特别之处？

答案在第261页

oollen stockings

毛袜配对

布兰夫人不太爱收拾屋子,家里的毛袜(10双黑色、8双红色、6双白色)全部混在一块堆在衣柜里。她想找一双颜色相同的毛袜,可是家里蜡烛用完了,房间一片漆黑,她至少要从衣柜里拿出几只袜子,才会有一双颜色相同的?

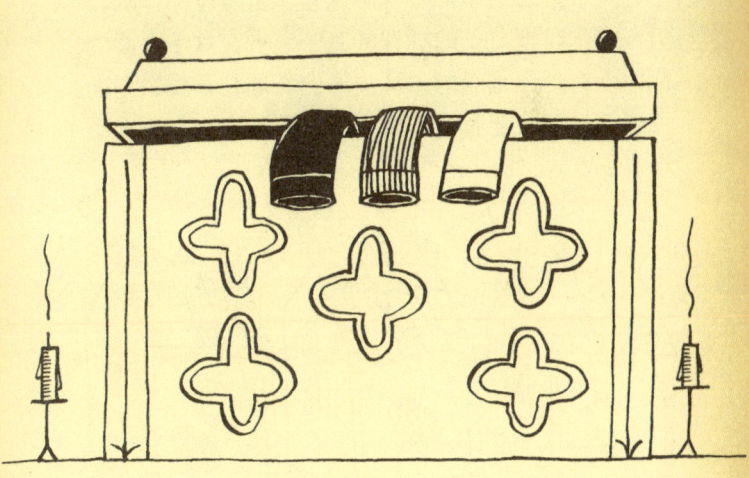

答案在第262页

reasure chest

金币和银币

几个小偷在盗窃国王的珠宝时被卫兵发现,慌张之中只拿了3个盒子就夺路而逃,忘记了拿盒子的钥匙。这3个盒子中,一个装金币,一个装银币,还有一个金币银币都有。本来盒子上是有标识的,但在逃跑时把盒子的标识弄乱了,现在盒子上面的标识没有一个是对的。从盒子的钥匙孔只能看到一枚硬币,那么要看哪一个盒子就可以立刻判断出每个盒子里装的是什么?

答案在第263页

leven branches

11根树枝

两名骑士都在追求王宫里同一位贵族小姐,国王想在两人中择优选出一位,于是在他们面前摆了一张桌子并放上11根小树枝,要求两人轮流拿桌上的树枝,每次只能拿1根、2根或3根。而谁拿到最后一根树枝,就算谁输,需要放弃对小姐的追求。

如果A骑士先拿,那么必须要拿几根才能确保自己赢?

答案在第264页

he sheep

分绵羊

一位牧羊人临终时告诉妻子:"等我死后,我的羊分一半给大儿子,分$\frac{1}{3}$给二儿子,$\frac{1}{9}$给小儿子。"而面对父亲留下的17只羊,3个儿子绞尽脑汁也想不出如何实现遗愿,除非把羊宰了分羊肉!这个时候,他们父亲的朋友给他们想出了一个解决办法,请问这个办法是怎样的?

答案在第265页

roduct value

乘积问题

下列算式的乘积是什么?

$(x-a)(x-b)(x-c)(x-d)\cdots(x-y)(x-z)=?$

括号共计26个,而a、b、c…z可以为任何数字(实数或虚数)。

答案在第266页

re all real numbers positive

所有实数均为正？

假设R代表实数（正数及负数）的集合，即所有的十进制数，那么R=（-无限大、+无限大）

(1) 对集合R中的任意一个x来说，$x^2 \geq 0$。这一点众所皆知。
(2) 对集合R中的任意一个x来说，$(x^2)^{1/2} \geq (0)^{1/2}$。
(3) 对集合R中的任意一个x来说，$x^{(2 \times 1/2)} \geq 0$。
(4) 对集合R中的任意一个x来说，$x^1 \geq 0$。
(5) 对集合R中的任意一个x来说，$x \geq 0$。

好像没毛病，很有新意！你觉得呢？

答案在第267页

lternation

黑白交替

4个黑扣子和4个白扣子排列如下:

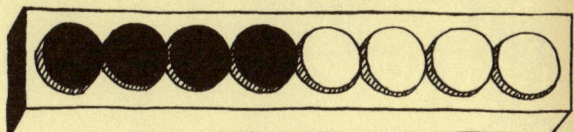

请最多移动4次,将上面的排列顺序变为黑白交替,即:黑、白、黑、白……以此类推。

每次移动必须是相邻的2个扣子为1组同时移动。

答案在第268页

Purse

排列钱包

如下图。在只能动1个钱包的前提下,如何实现满钱包和空钱包交替排列?

答案在第269页

rofit

赚了多少

一名商人在集市上花70元买了一匹布,然后以80元卖出。卖完之后又觉得价格卖低了,于是又找买家用90元买回来,最后以100元卖出。这个过程中商人赚钱了吗?如果赚了,是多少?

答案在第270页

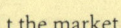

 t the market

败家女人

艾德夫人平时花钱大手大脚的。今天她在集市上5个不同的摊位购物,把钱包里所有的钱都花光了。每光顾一个摊位,她就要花掉钱包里一半的钱再加上10元。试问她的钱包里一开始放了多少钱?

答案在第271页

ecapitation

谁被杀害

一次战争期间,国王和他手下的人被抓,下场凄惨:
——国王被斩首;
——国王的大儿子被吊死;
——一个大地主的头被砍掉。

不过,这次屠杀事件的遇害者只有两人,这怎么可能?

答案在第272页

mpty cup

空杯装水

1只空的高脚杯能装多少滴水?

答案在第273页

our cards and four letters
卡和字母

下图中有4张卡,每张卡的两面各有1个字母（D、G、P或L），如需验证命题"G卡的背面一定是L"的真伪,需要翻开多少张卡?

答案在第274页

ard-teaser

纸牌解密

扑克牌魔术师从一副52张的纸牌中随意选取了3张。根据以下4组提示，你能否确定是哪3张牌以及其摆放顺序？

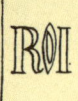  **提示一：** 一张5在K的右边（但不一定挨着）。

  **提示二：** 一张梅花在黑桃的左边（但不一定挨着）。

  **提示三：** 一张10在红心的左边（但不一定挨着）。

  **提示四：** 一张红心在黑桃的左边（但不一定挨着）。

答案在第275页

icks

灯芯计时

药师制作好了1剂药水,但必须放置45分钟后再使用才能见效。药师身边没有计时器,只有1个火把和两根灯芯。药师知道1根灯芯燃烧完毕正好是1个小时,但过程并非匀速(即半根灯芯未必燃烧30分钟)。那么药师要如何精准地确定45分钟呢?

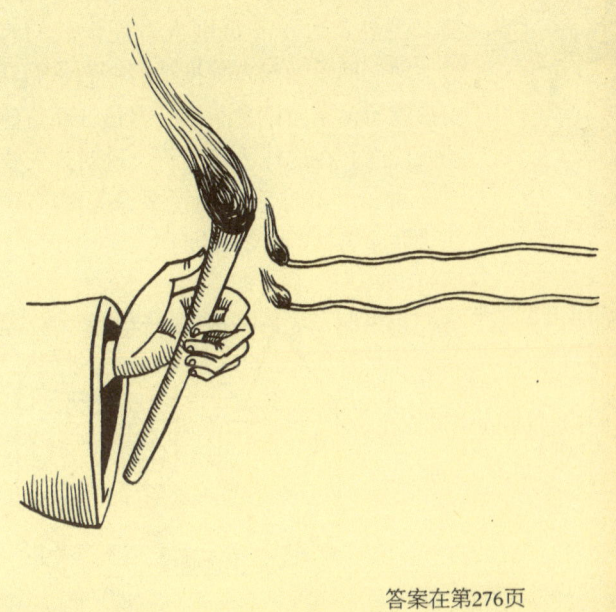

答案在第276页

adlock

盒子里的秘密

女孩要送给男孩1个装着自己几缕头发的盒子,作为爱情的信物。盒子里是他们俩的秘密,他们不想让别人看到,所以男孩和女孩各有1把可以锁住盒子的挂锁。另外,为了不让别人发现他们的恋情,他们都没留对方那把锁的钥匙,而且女孩也不会亲自把盒子交给男孩,而是让别人代送。在这样的情况下,这对恋人要怎么做,才能让盒子最后安全抵达男孩处,并让男孩可以打开呢?

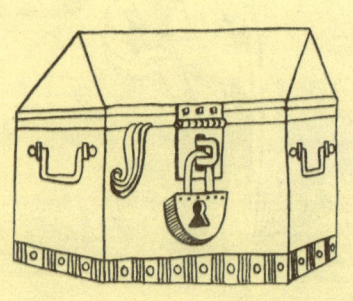

答案在第277页

ragonfly

飞行的蜻蜓

男孩和女孩相距100千米,有一天他们决定各自乘马车同时出发,在途中碰面。马车每小时可以走10千米。一只蜻蜓的速度是每小时150千米,从他们俩出发时起,蜻蜓就在两辆马车之间来回飞行。请问当这对恋人碰面时,蜻蜓总共飞行了多长距离?

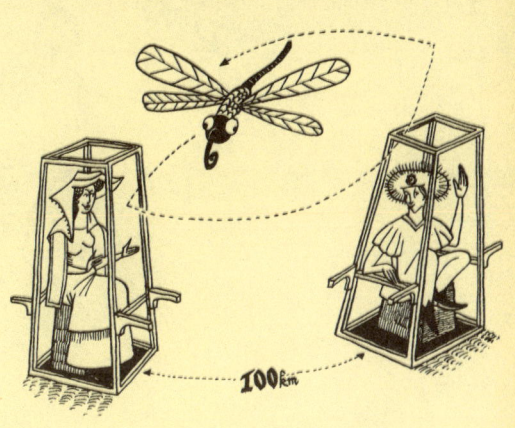

答案在第278页

alindrome

回文骑士

一名骑士自效忠国王以来,骑行的距离总计为15951千米,这个数字正好是个回文(从左往右看或从右往左看,这个数字都一样)。之后他继续骑马两小时,总里程数又再次出现了回文。请问骑士骑马的时速是多少?

答案在第279页

uinevere

囚禁之塔

为了惩罚一位嫔妃的不忠,国王把她囚禁在城堡中一座牢不可破的圆塔里。这位嫔妃悲伤不已,她从正门(并非在正南方)出发往北走30步,就抵达了塔壁。接着她又往西走40步,又再次被塔壁挡住。请问这座圆塔的直径是多少步?

答案在第280页

aterlily

池塘里的睡莲

有一种睡莲,其浮叶的表面积每年增加1倍,满10年就会将池塘完全盖满。如果有两片完全相同的浮叶,那么需要多久才能盖满整个池塘?

答案在第281页

ird becomes dragon

鸟与龙

图中是一组关有小鸟和龙的围栏。如果打开5、6、7或8号锁，则对应的纵列里的所有动物就会互相变换（鸟变成龙，龙则变成鸟）。而若打开1、2、3或4的锁，则对应的横排里动物也会互相变换。那么最少要打开几个锁，才能让所有的动物都变成龙？

答案在第282页

limbing snail

蜗牛爬墙

一只小蜗牛想爬上10米的高墙,但它的爬行方式比较奇异:白天往上爬3米,晚上往下爬2米。如果它从早晨开始爬,需要多少天才能爬上墙头?

提示:答案不是10天!

答案在第283页

ear hunt

猎熊奇遇

猎人一早出门便发现了一头熊，于是决定要出其不意地将其猎杀。为避免直接肉搏，猎人往南走10千米，再往东走10千米，最后往北走10千米后，却发现自己竟然又走回了熊的跟前，而这段时间内那头熊根本没挪窝。

你觉得这只熊是什么颜色？

答案在第284页

igital display

数字时钟

一个24小时制的数字时钟（如下图），在一天之内，数字1会出现多少次？

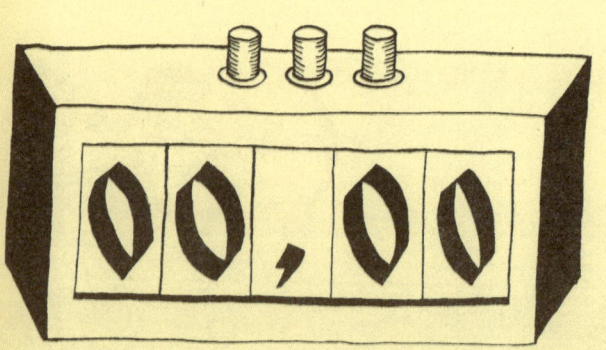

答案在第285页

urveyor

平分田地

能否将下图这块田地分成大小、形状完全相同的4块?

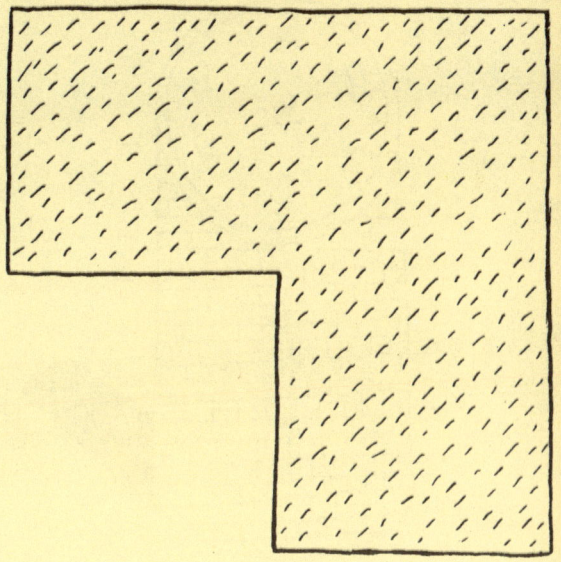

答案在第286页

mprisoned

塔里的囚犯

皇家城堡的塔里关着7名囚犯,为避免他们互相伤害,监管方决定修建3面高墙将他们互相隔开。如果每个隔间大小不限,那么该如何安置这3面墙呢?

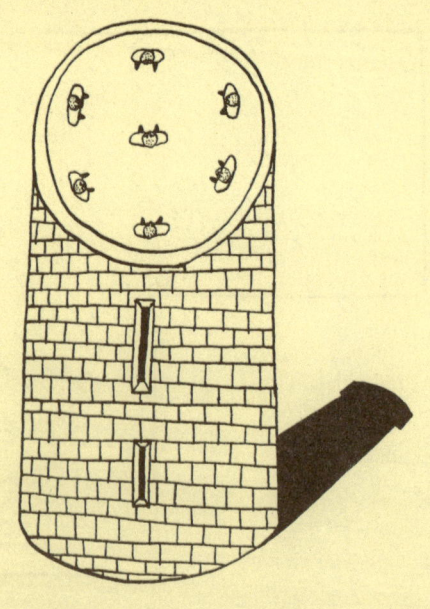

答案在第287页

At the inn

消失的1元钱

3个小商贩带着自己的商品前往集市,途中投宿在路边一家旅店。他们开了一间三人房,一晚的费用是30元。

于是他们每人拿出10元交给了旅店的老板,由于聊得投缘,老板主动把房费降到25元,退了5元给他们。可是5元钱3个人不好分,于是他们决定1人拿1元,剩下2元当小费。

现在看来,他们每人付了9元,3个人共计27元,加上付给老板的2元小费,一共29元。

还有1元钱哪里去了?

答案在第288页

eafness

听音点烛

修道院里为复活节准备的蜡烛熄灭了,班特修士要在听到信号后就立刻把蜡烛点燃。信号是靠3位修士从教堂底下的地窖里喊出来的。不过目前正敲钟,钟声盖过了地窖里修士们的信号声。这3位修士里只有1位嗓门很大,可以让班特修士听见。而此刻,修道院院长也在地窖里,他想知道这3位之中是谁能让班特修士听到信号声。假设院长只能上楼去教堂1次,那么他要如何得知是哪位修士呢?

注意:院长不能找其他人帮忙,而且地窖里是看不到上面教堂的情况的。

蜡烛除了可以点亮之外,还有别的特性可以利用。而且3位修士可以发信号让班特修士点燃蜡烛,也可以发信号让他熄灭蜡烛。

答案在第289页

wo guards

两名守卫

塔楼有两扇门,一扇通往出口,一扇通往地牢。塔楼里关着一名囚犯,如想获得自由,他只能在这两扇门中做出选择。两扇门的门前各有一名守卫,一个永远说真话,另一个则只说假话。如果囚犯只能向其中一名守卫问一个问题,那么要怎么问才能确保自己重获自由?

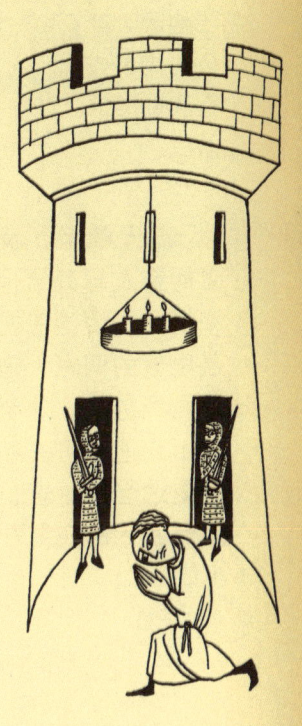

答案在第290页

ood call

生死抉择

国王把自己的头号反对者抓了起来,准备在第二天做个局取他的性命。国王告诉反对者头盔里放了两颗大理石:一颗是白色,象征自由;一颗是黑色,代表死亡。这名反对者次日必须在大量围观群众的见证下,凭运气取出一颗大理石,决定自己的命运。

这天晚上,反对者的密友冒死给他送来消息,说国王在头盔里放的两颗大理石都是黑色的,非要置他于死地不可。如果你是这名反对者,要如何做才能获得一线生机?

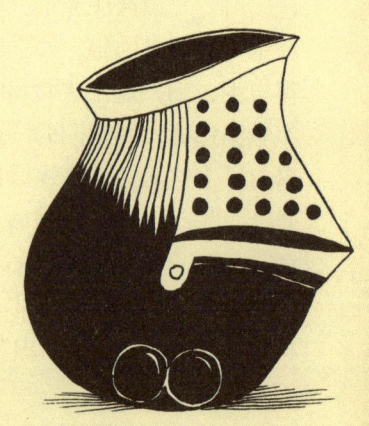

答案在第291页

little mental arithmetic

心算风暴

由4个1组成的等式可以有多种方法构成：
1 1 1 1 = 3
1 1 1 1 = 4

可以用不同的运算符号来实现这个等式：
1 + 1 +（1 × 1）= 3
（1 + 1）×（1 + 1）= 4

每个例子都有多种不同的实现方式。请按照下方的表格，将左列的数字使用4次，中间插入3个运算符号，使得运算的结果等于右列同一行的各个数字。

×	数字
2	0, 1, 2, 3, 4, 5, 6, 10, 12
3	3, 4, 5, 6, 7, 8, 9, 10
4	3, 6, 7, 8, 24, 28, 32, 48
5	3, 5, 6, 26, 30, 50, 55, 120

答案在第292页

Addition 妙用加法

请使用若干个数字8,使其相加的结果等于1000。

答案在第293页

29 February

特殊的生日

戈德夫妇的儿子出生于2月29日,星期一。那么他下一次生日再赶上星期一,会是在多少岁时?

答案在第294页

umber of days

哪月 28 天

有的月份有30天,有的月份有31天。从1008年1月(含1月)到1012年12月(含12月),一共有几个月是有28天的?

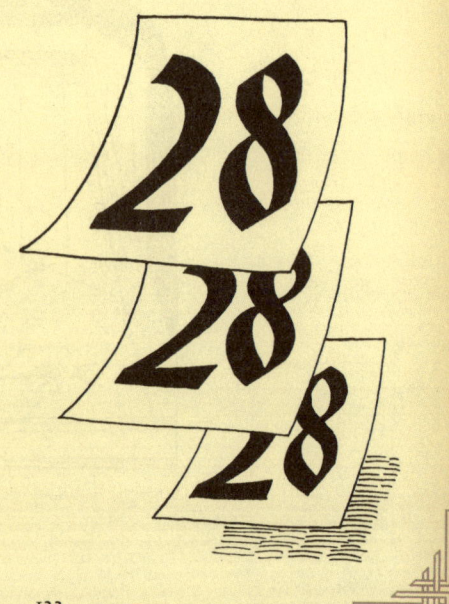

答案在第295页

ive Triangles

5个三角形

下图用火柴拼出了3个三角形,如何在只移动4根火柴的情况下,让下图变成5个三角形?

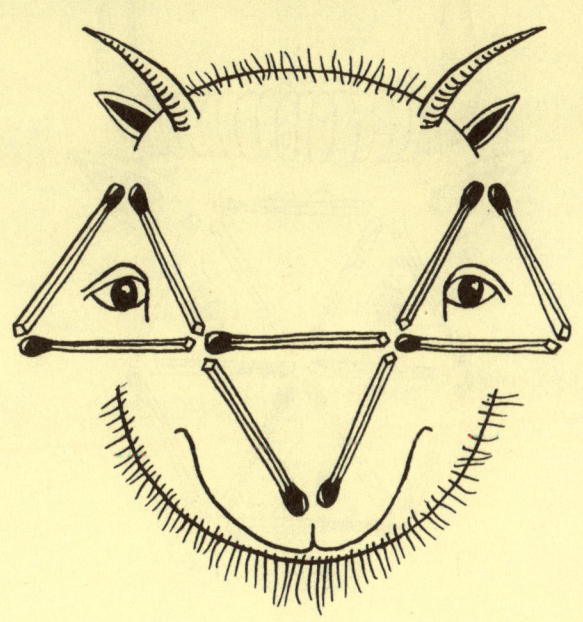

答案在第296页

atches 3

火柴阵列（三）

请按照下图所示，移动4根火柴，让图案变成3个相连的等边三角形。三角形必须完整，不可以有开口。

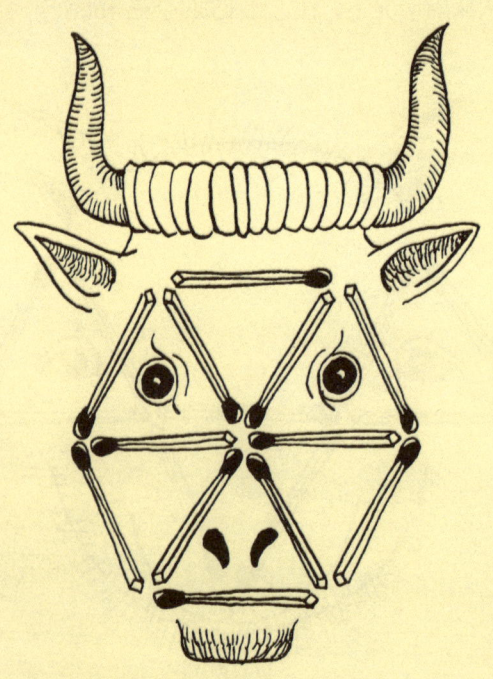

答案在第297页

niversity

教授的谜题

一位大学教授给学生们出了一道很有意思的题目:

1. It is better than God.
   (它比神更好)
2. It is worse than the Devil.
   (它比魔更坏)
3. The poor have it.
   (穷人拥有它)
4. The rich need it.
   (富人需要它)
5. If you eat it, you'll die.
   (如果你吃了它,你会死)

这个it(它)指什么?

答案在第298页

n the shadow of the tower

阴影之下

圆柱体的阴影下出现一个奇怪的现象……正方形A和正方形B有什么不一样吗?

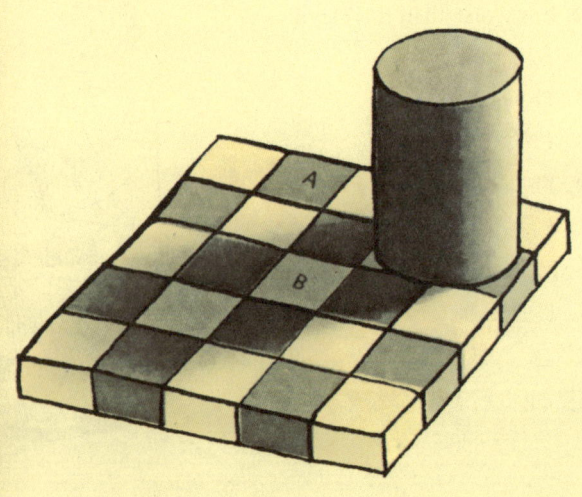

答案在第299页

loth

相交的斜纹

这块布上的斜纹线会在什么位置相交?

答案在第300页

ower of coins

硬币叠塔

将15枚硬币按3个1叠堆成5叠,排成一圈(下图左)。通过9次操作,可以实现5叠硬币的数量呈依次递增的状态(如下图右)。每一次操作,都要将某叠硬币全部拿起按照顺时针方向,给其他每叠各放1枚(包括空叠)。分发完成后方可开始下一次操作。那么要从左图的状态演变成右图的状态,这9次操作需如何进行?

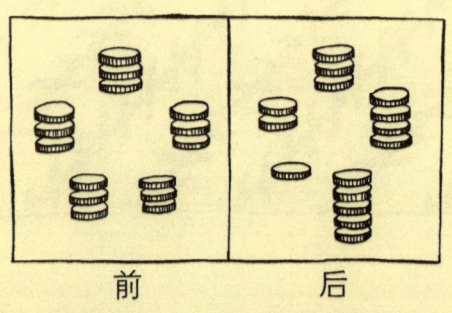

前　　　　　后

答案在第301页

agic square

神奇的正方形

一名魔术师将1元、2元和3元的硬币排列成下图的方形,并给广场上的路人出了一道谜题:

"这个正方形的各行各列之和都是6,不过现在还有一点瑕疵,如果能让对角线之和也是6,这就成为真正的神奇正方形了。谁能告诉我要移动哪3枚硬币才能达成这个目标?"

答案在第302页

ieces of pate

面包切片

御厨用蜜枣做了一个法式面包。请帮助他用3刀将面包切成相同的8块。

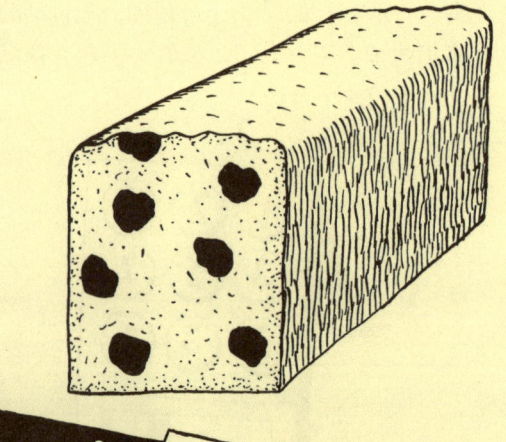

答案在第303页

alettes

法式烘饼

面包师要做3个法式小麦烘饼,但烤箱里每次只能放2个,而且每个烘饼的两面都需要各烤3分钟。按照这样的条件,这3个烘饼最快需要多久才能做好?

答案在第304页

hich day?

今天星期几

如果今天不在星期一之后,也不在星期四之前,而且明天不是星期天,昨天也不是星期天,同时后天也不是星期六,前天也不是星期三,那么今天到底星期几?

答案在第305页

trange date

特别的日期

1192年的11月29日有什么特别之处?

答案在第306页

mall rectangle become square

图形变换

下图是一张长方形的羊皮纸,长为2,宽为1。

要如何裁剪这张纸,才能使剪出来的图形可以拼成一个和原来面积相同的正方形?

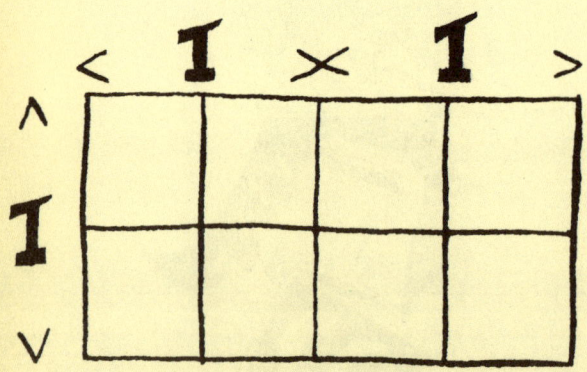

答案在第307页

ong rectangle becomes square

长图形变换

下图是一张很长的长方形羊皮纸，长为5，宽为1。

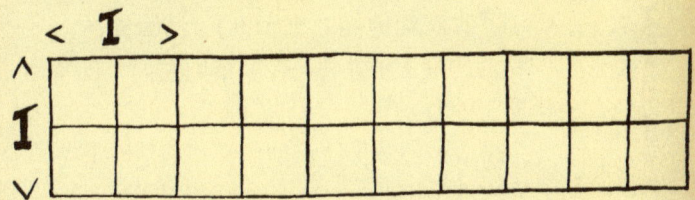

要如何裁剪这张纸，才能使剪出来的图形可以拼成一个和原来面积相同的正方形？

答案在第308页

Allegiance 谁在说谎

罗宾汉在森林里偶遇两名骑士——汤姆和罗博。罗宾汉知道，他们一个效忠约翰王子，一个效忠李察王。

罗宾汉问他们效忠于谁，汤姆答道："我为约翰王子效力。"罗博则说："我为李察王效力。"

路边一位修士认识他们俩，于是修士告诉罗宾汉他们至少有一个说了谎话。

罗宾汉要如何得知真相？

答案在第309页

erfs

几个农奴

一位骑士受邀去拜访伯根公爵家。公爵夫人宣称在自家土地上劳作的农奴有100人以上,而此时公爵的儿子反驳道:"不是这样的,我确定没有100个。"公爵的女儿也补了一句:"我保证至少有1个。"

假设以上说法只有一个是真的,那么公爵家的农奴到底有多少个?

答案在第310页

roken soldiers

伤残比例

一场惨烈的战役结束后,有70%的士兵失去一只眼睛,75%失去一只耳朵,80%失去一条手臂,85%失去一条腿。那么请问,伤残最严重的士兵(即眼睛、耳朵、手臂、腿各残一只)所占的最低百分比为多少?

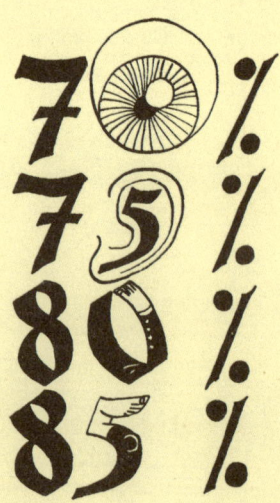

答案在第311页

abbit and hen

兔子和鸡

兰德家里养了兔子和鸡。两种动物的头一共有8个,脚则有28只。请思考一下,兰德家里有几只兔子、几只鸡?

答案在第312页

FFF

数字母

请观察下图，只给一次机会，请数一下图中有多少个字母"f"？

> finished files are the
> result of years of
> scientific study
> combined with the
> experience of years

答案在第313页

quation in Arabic number

数字等式

下面有个看上去不成立的等式：

5+5+5=550

只画一条线，如何让等式成立？（在"="上画一笔变成"≠"可不行）

答案在第314页

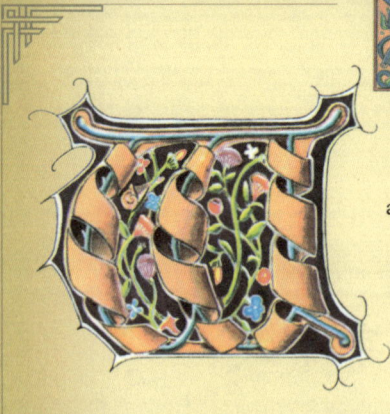

atchtower

瞭望台的哨兵

瞭望台上有8位哨兵正在顶层执勤。如何将顶层区域分成4个完全相同的区块，使得每个区块都有2名哨兵？

答案在第315页

traight lines

一脉相承

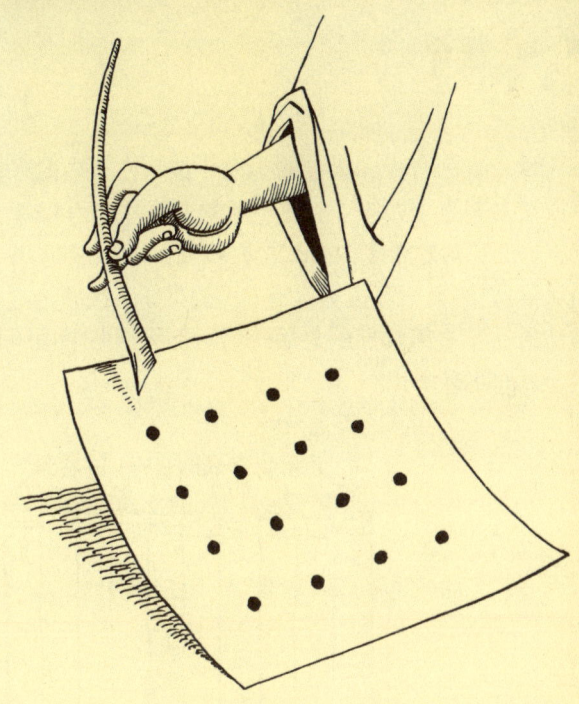

在笔不离纸的前提下,请一笔画出6条直线,将这16个点连起来。

答案在第316页

he worm and the manuscript

书虫与手稿

图书馆有一套10册装的手稿,按从左至右的顺序放在书架上(如图)。每一册的书页厚度为4.5厘米,封面和封底厚度均为0.25厘米。假设有一条小书虫从第1册的第一页按垂直于书页的贯穿路线开始吃书,最后死在第10册的最后一页。那么这条书虫一生走过的路有多长?

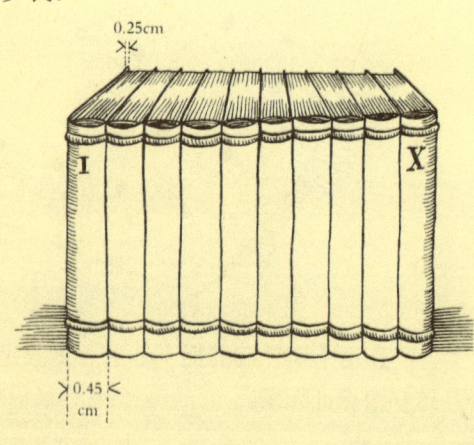

答案在第317页

rossing

交汇点

几名修士从A修道院出发,前往B修道院。1小时之后,另一批修士反向从B修道院出发,前往A修道院。

如果先出发的第一组修士每小时走7千米,第二组速度稍慢,每小时走5千米,那么当两组修士在路上相遇时,哪一组离A修道院的距离更近?

答案在第318页

ogical series 4

推理序列（四）

国王为了考验大臣们的智商，要求大家完成下方的逻辑推理序列。

答案在第319页

o 4 in the sequence

序列里没有 4

上一个谜题,有的人是靠自己解的,也有人是直接翻答案的,没关系,关于上一个序列还能引申出一个推论:请证明上一题的数字序列中不会出现4(跟上一题直接相关,能明白上一题才能做这道题)。

答案在第320页

ishing

父子钓鱼

有两位父亲陪各自的儿子一起去钓鱼。他们每人都钓到1条,但总共只有3条鱼。为什么?

答案在第321页

art

行进的马车

马车夫驾车轻快地走在乡间小路上,这一路没有照明设施,也没有月亮。一名身着黑衣的妇女迎面走过来,马车夫也能清楚地看到她,把车停下来,没有撞到。这是什么原因?

答案在第322页

n the purse

硬币的面值

一只猴子顺走了游客的钱包,发现里面只装了2枚硬币,面值总额是30元。如果其中一枚不是10元面值的,而硬币总共只有1元、5元、10元和20元这4种面值,那么这两枚硬币的面值各是多少呢?

答案在第323页

省钱的办法

高德勋爵想用图中的4条三扣链给朋友的夫人打一条闭合的链子。铁匠的报价是断开一个环扣收费5元,再重新焊接闭合一个环扣收费10元。要如何制作才能最省钱?花费是多少?

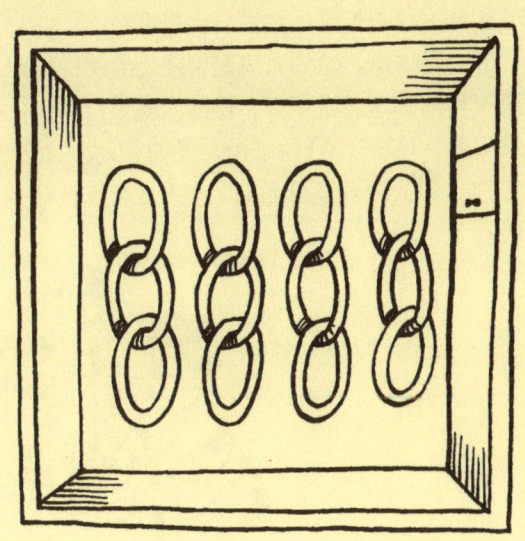

答案在第324页

hree-hander

三人游戏

马丁、亚伯和林德是好朋友,他们一起玩一个5局分胜负的游戏。游戏的赌金都是面值1元的硬币,因此过程中的硬币数量只会是整数。

每一局结束,输的人需要付硬币给两位赢家,而赢家当前的本金有多少,输的人就要付多少。五局结束后,马丁还有8枚硬币,亚伯有9枚,林德则有10枚。那么游戏刚开始时,他们3人各自有多少硬币?

nkwell

墨水和笔

文具店里,墨水和笔的价格一共为11元。墨水比笔贵10元。请问墨水和笔的价格各为多少?

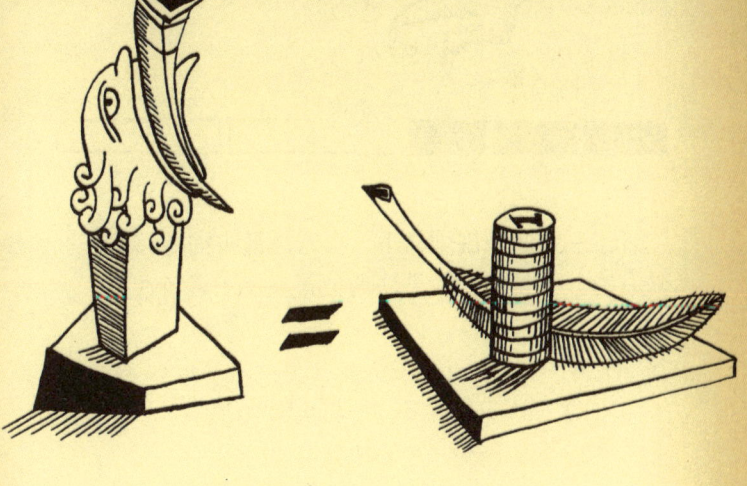

答案在第326页

tepping stones

调换石块

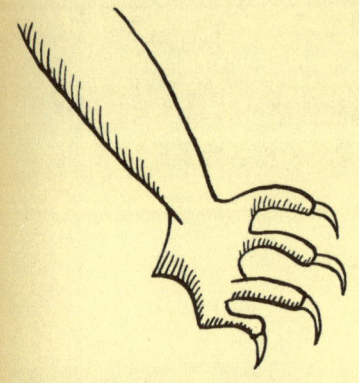

在下列两条规则之下,小妖怪最少需要移动石块几次,才能使黑白石块的位置互换(黑色在右,白色在左):

(1)一次只能移动一个石块到空位。
(2)可以跳过一个石块到空位。

答案在第327页

athedral

教堂的圆柱

建筑师正在设计某一哥特式教堂的平面图。教堂内有12个圆柱排成十字架形状。按图示，从A数到B、从A数到C以及从A数到D都是8根圆柱。而由于经费不足，教堂无法按照原定的设计施工，于是建筑师更改了圆柱的设计，圆柱的总数从12根减至10根，但A到B、A到C以及A到D的圆柱数量保持8根不变。那么这些圆柱要如何设计才能实现？

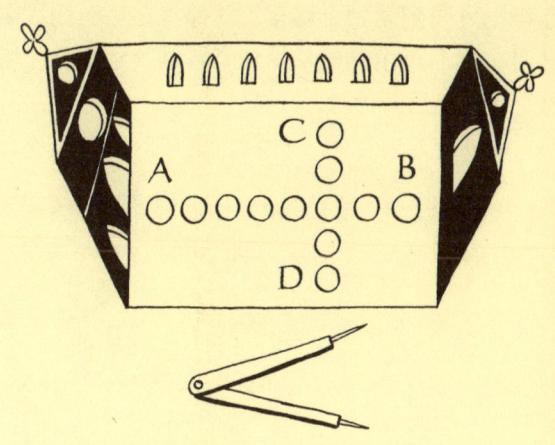

答案在第328页

orse race

骑马比赛

皮尔和约翰是两兄弟,他们想较量一下谁骑马骑得更快,但家里只有一匹马。他们想了个办法,决定绕着城墙比赛。城墙由24个塔楼围成一周,各塔楼之间的距离相同。皮尔先从第1个塔楼出发骑到第12个塔楼,约翰坐在后面用沙漏计时。然后再由约翰从第12个塔楼骑到第24个塔楼,皮尔坐后面计时。

最后皮尔轻松赢了约翰。这样的结果是不是必然?

答案在第329页

比武大会

一群参加比武大会的骑士共同制定了大会的规则，原则上采取直接淘汰制：一对一对决，输的人淘汰离场。假设参赛人数为n，那么直到大会结束，一对一的淘汰赛（包括最后的决赛）一共有多少次？

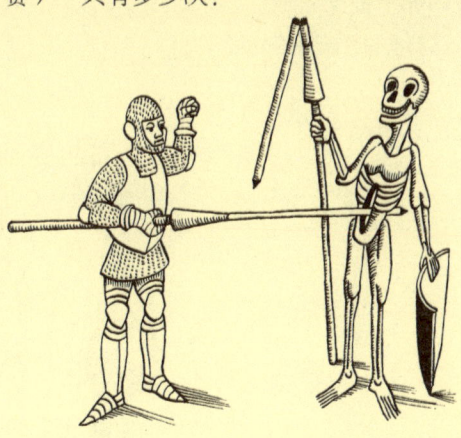

答案在第330页

hree daughters

3个女儿

一位农妇问另一名妇人女儿多大年纪,妇人回答:
"她们3人的年龄相乘等于36。"
"你这么说我还是不知道他们的年纪呀!"
"她们3人的年龄相加等于我篮子里鸡蛋的数量。"
农妇数了数鸡蛋,说:"我还是算不出来。"
"最大的那个金发碧眼!"
"哦!这样我就知道了!"

农妇是怎么算出来的?3个女儿的年龄分别是多少?

答案在第331页

ose bush

玫瑰灌木

兰琪修女在修道院的花园里种了一片玫瑰灌木,另一位修女问兰琪这片灌木有多高,兰琪回答:"30厘米再加上它一半的高度。"

那么玫瑰灌木到底多高呢?

答案在第332页

andles

节俭的修士

吕克修士是修道院的总管,生性十分节俭,平时修道院剩下的蜡烛尾端很多,吕克就把这些尾端拼接起来做成新蜡烛。一般3支蜡烛尾端就可以做成1支新蜡烛。今天早晨吕克收集了9只尾端,那么可以做成多少支蜡烛呢?

答案在第333页

orest fire

森林大火

国王的军队进入了一片东西向绵延的森林,长50千米。军队最快的行军速度为10千米/小时,而这一天刮西风,风往东吹的速度为80千米/小时。国王的军队进入森林后1小时,敌军从森林的西侧全线点火,火借着风势以80千米/小时的速度向东蔓延。国王观察了一下火势,心里明白还没等自己的军队走出森林,大火就会将他们吞噬。这个时候国王应该怎么做才能救出自己的人马呢?

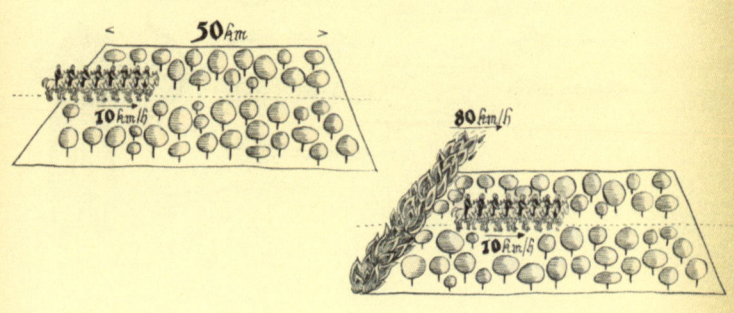

答案在第334页

eversing triangle

弓箭转向

一名弓箭手连续往前放箭,这些箭的形状排成了一个指向左边的三角形。如果只移动3支箭,如何让这个三角形指向右边?

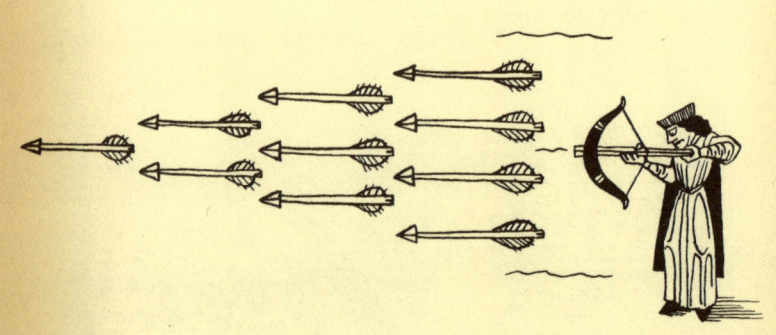

答案在第335页

ose windows
花窗上的圆

大教堂的玫瑰花窗上有一些圆形图案,亚伯修士静静地凝视了一会,心想:"上下有两个灰色的圆圈,到底哪一个更大一点呢?"

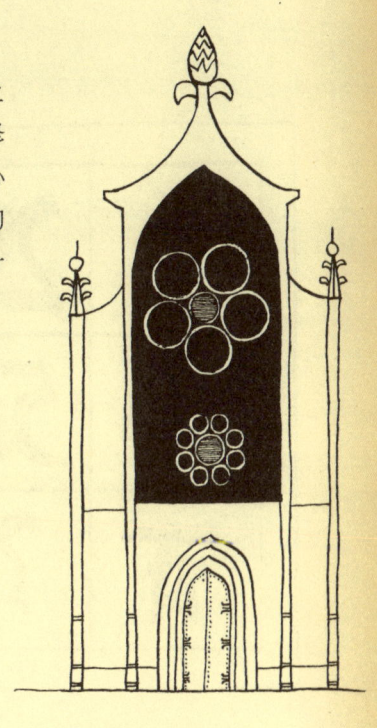

答案在第336页

ogical series 5

推理序列（五）

图书馆里有一本布满灰尘的手稿，封面上画着这些符号。那么丢失的两个符号应该是什么样子的？

答案在第337页

ather and son

父子年龄

如果把父亲的出生年份、儿子的出生年份以及父子两人的年龄全部加起来，会得到什么？

答案在第338页

orture

严刑拷打

你正遭受着敌人的严刑拷打,已皮开肉绽、奄奄一息。敌人的头目走了过来,说:"现在给你最后一次机会,让你自己选个死法。你可以最后再说一句话,如果所说为假,就把你剁成4块喂野兽,如果所说为真,就一把火烧了你。"

当然了,你还是想活下去,这选择题没法做。如果想脱离现在的困境,你应该怎么说?

答案在第339页

he lance

长矛进城

骑士带着一根1.5米长的长矛来到国王城堡的大门前。正要进门,守卫将骑士拦了下来,原来国王有令,城堡内不能带入超过1.2米长的物品。于是,骑士去找城外的木匠做了一个大盒子装长矛,而后带着盒子回到城堡门前,这时守卫不再阻拦,将他放行了,这是为什么?

答案在340页

taircase

城堡的楼梯

城堡内需要修建螺旋形楼梯,有两位建筑师前来提案。来自佛州的建筑师需要6周建好,而来自法州的建筑师则只需要3周。如果两人合作来建城堡的楼梯,最少需要花多长时间呢?

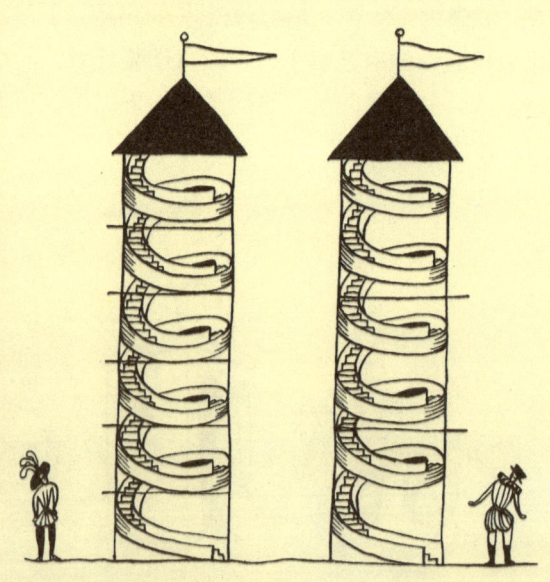

答案在341页

million hairs

头发一样多

14世纪瘟疫肆虐欧洲之时，法国约有1600万人口，每个人的头发都不超过100万根。在这样的情况下，如果假设全法国当时至少有两人的头发数量是一样的，这样的假设是否成立？

答案在第342页

hree Germans

3 个德国人

3名德国人有1个共同的亲兄弟,这位兄弟过世后,这3人就没有任何其他兄弟了。怎么会这样?假设这里并未涉及同父异母或者同母异父的情形。

答案在第343页

ue south house

房子的朝向

这一栋房子的4个面都朝正南方,可能吗?

答案在第344页

沙漏计时

公爵的厨师正在处理主人猎回来的野鸡。他想将这只野鸡用一种特制的酱料腌制,但酱料必须加热9分钟才能浓缩出精华。厨师手边只有两个沙漏,大沙漏计时7分钟,小沙漏计时4分钟,要怎么做才能精确计时9分钟呢?

答案在第345页

答案
OLUTIONS

over potion

爱情秘药

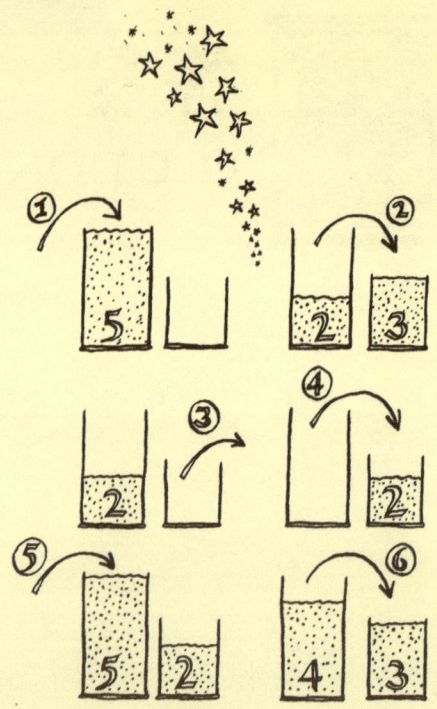

到第六步时,量杯里就刚好是4升油了。

第1页的答案

ater in the wine

酒里的水

假设在两次混合之后,水杯里含水80%,酒20%,那么丢失的这20%的水必然在酒杯里,而且另外那80%的酒肯定也在酒杯里。

而混合之前,两个杯子里的液体分量是相同的,那么可以肯定酒杯里的水酒比例必然是水20%,酒80%。这样一来我们发现,两个杯子的水酒比例完全相反,分别是80∶20与20∶80。

因此,水杯中酒的含量刚好等于酒杯中水的含量,并且酒杯中酒的含量也刚好等于水杯中水的含量。

第2页的答案

icycle race

自行车赛

罗兰最后成绩是第四名。

超越位居第二的选手，实际上自己就取代了第二名的位置（不是第一）。而之后又被两名选手超过，所以最后是第四名。

第3页的答案

ells

敲钟报时

用3秒完成4点钟的报时，意指每敲一下钟的间隔时间是1秒（如图）。以此类推，如果是12点的整点报时，中间的间隔有11次，那么需要的时间当然就是11秒。

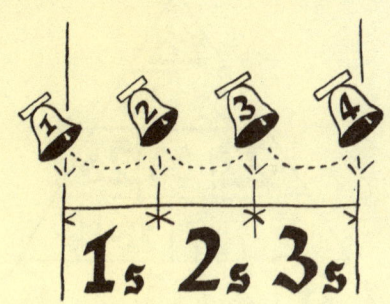

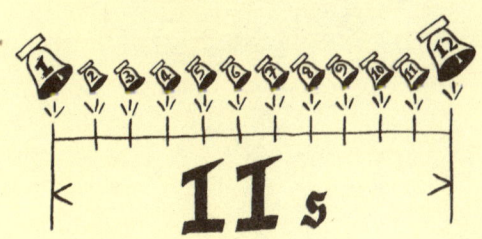

第4页的答案

oley triangle

三角填数

以下是一种解题方式：

第5页的答案

rain-teaser

脑力特训

第6页的答案

imship link

复杂关系

你儿子的父亲就是你。

所以原来的句子换一个表达方式就成了:"假如另一名男士的儿子是你,那么你和他是什么关系?"

因此,这位男士是你的父亲,你们是父子关系。

第7页的答案

he sum of 1 to 100

数字之和

有个规律我们可以观察到:
1+100=101
2+99=101
……
以此类推,

所以1到100的总和其实等于:
50×101=5050

此外还有一种解题思路:
1+2+3+…+(n−1)+n=n(n+1)÷2
当 n=100
1+2+3+…+100=100×101÷2=5050

ental arithmetic

极速心算

只要没算错,答案肯定是80:

$30 \div \frac{1}{2} = 30 \times 2 = 60$

$60+20=80$

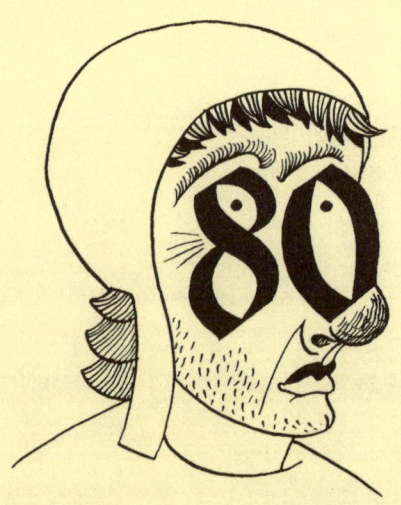

第9页的答案

ach in their place

各遂所愿

简单,让她俩背靠背坐不就行了!

第10页的答案

quare cut
图形裁剪

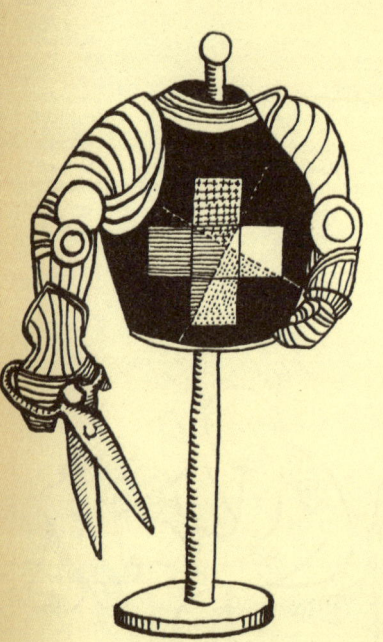

第11页的答案

ish

小鱼转向

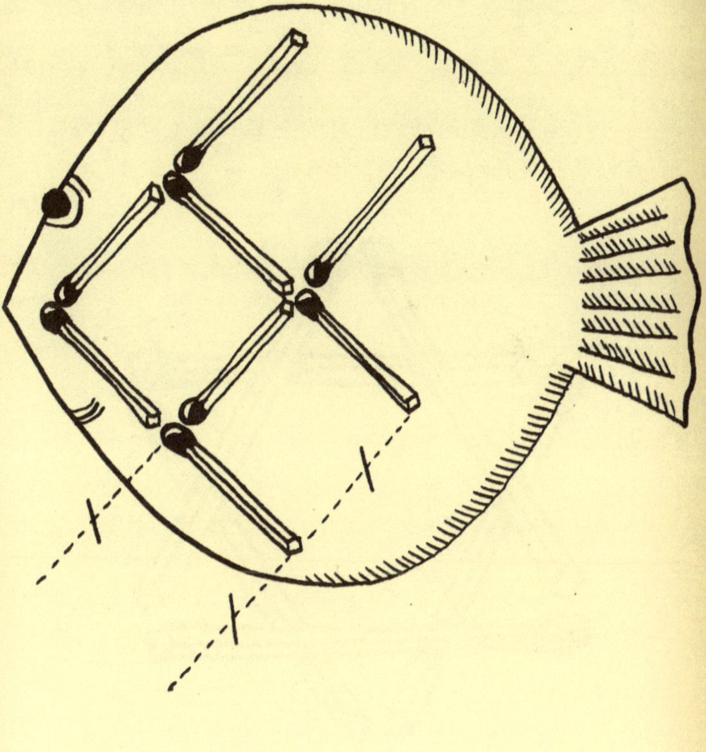

第12页的答案

riangles from matches 1

三角排列（一）

只需把火柴排成六芒星的图案即可（并没有规定说所有三角形必须一样大啊）。

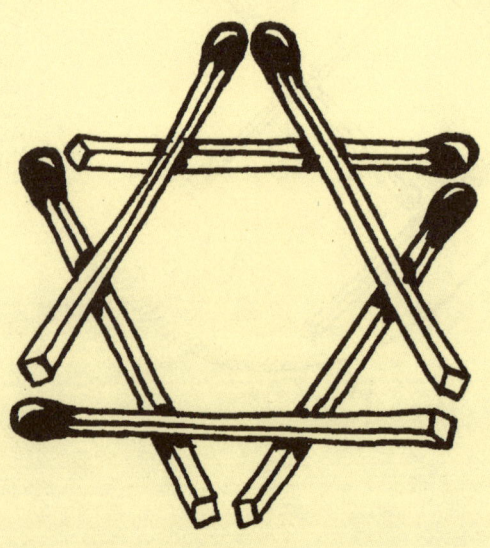

第13页的答案

he monk and the mountain

和尚爬山

　　这样的地点当然有。我们换个思路来想，假设有两个和尚同时在9点出发，一个从山脚上山，一个从山顶下山。由于路都一样，所以他们在某个地方必然相遇。

第14页的答案

ills 8颗药丸

总共要花1小时45分钟。

提示：8颗药丸，其实只有7个服药间隔，每个间隔为15分钟，算下来是1小时45分钟而不是2小时。

第15页的答案

iddle Triangle

谜之三角

其实，这两个图形都不是大三角形。

请看A、D和G点：三点并不在同一条直线上。三角形ADB和三角形DGE不是相似关系，如果用直尺把直线AG画出来，会发现D点是落在直线右边而不是直线上。F点也是同样的情况。因此，多边形ADGFC的面积实际要小于我们所想象的三角形ACG。同样，在第二个图形里，点H、J、L和点I、K、L所构成的线段也不是真正的直线：点J和K都在三角形HIL的斜边之外。所以，由于第一个图形的面积小于"真正的"三角形，而第二个图形的面积又大于"真正的"三角形，两个图形之间当然会出现面积差。如果我们将两个图形叠在一起看，就会多出如图三中的这个四边形AJGD。

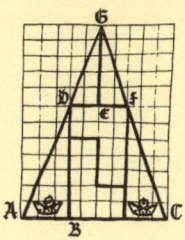

第16页的答案

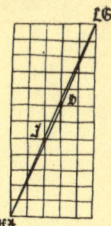

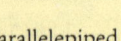arallelepiped

平行六面体

并不是!实际上AB=BC。是不是出乎意料?但事实如此。

第17页的答案

1 = 2？

问题出在第（6）步和第（7）步之间。

等式两边都乘以(a-b)，但a和b都等于1，(a-b)实际等于0。

0当然是不可以作被除数进行略去的。

第18页的答案

wo ways of writing the same number?

数字魔术

没错,这是对的!

1=0.999999999999…这确实是正确的,而且这个过程也很严谨地证明了此命题为真。

不过请注意,从第(4)步到第(5)步你得明白,无限多减去1还是无限多。

此外,还有一个比较简单的证明方法:

1=3×(1/3)=3×0.333333…=0.999999…

第19页的答案

咒语穿插

bracadabra

从第一排的a开始，接下来的b有两种可能性，然后每个b分别同相邻的两个r又各有两种可能性。以此类推，往下走到第十排都是这样的规律，因此产生了2^{10}种可能，即1024种方式可以将这个咒语组合出来。

第20页的答案

echanical alarm clock
机械闹钟

只能睡1个小时。

因为指针式的机械闹钟是按面盘的12小时来显示的，区分不了早晨10点和晚上10点。所以只要指针指到10点的位置闹钟就会响起。

第21页的答案

roubadour

艺人过桥

用抛接杂耍的方式就可以了。

所谓抛接杂耍,就是将至少3件物品不停向空中往复抛接的一种表演,这个过程中始终有1件物品是悬空的,他就可以顺利过桥了。

ogical series 1

推理序列（一）

最后3个空格应该填e、n、t。

这个序列的规律，实际上是从1开始的英文数字的单词首字母：one, two, three, four, five, six, seven, eight, nine, ten。

1234567ent
ottffss8910

第23页的答案

lassworkers

玻璃工程

以下是一种解题方式：

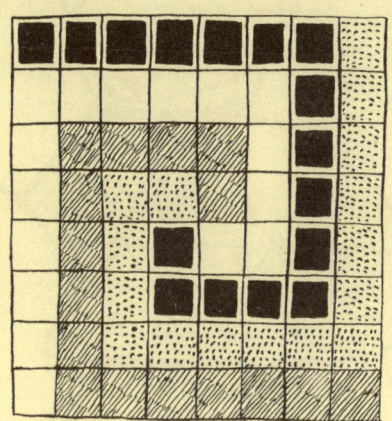

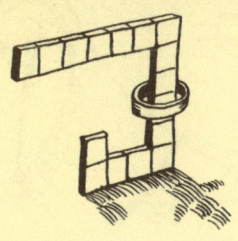

第24页的答案

tudded shield

铁钉盾牌

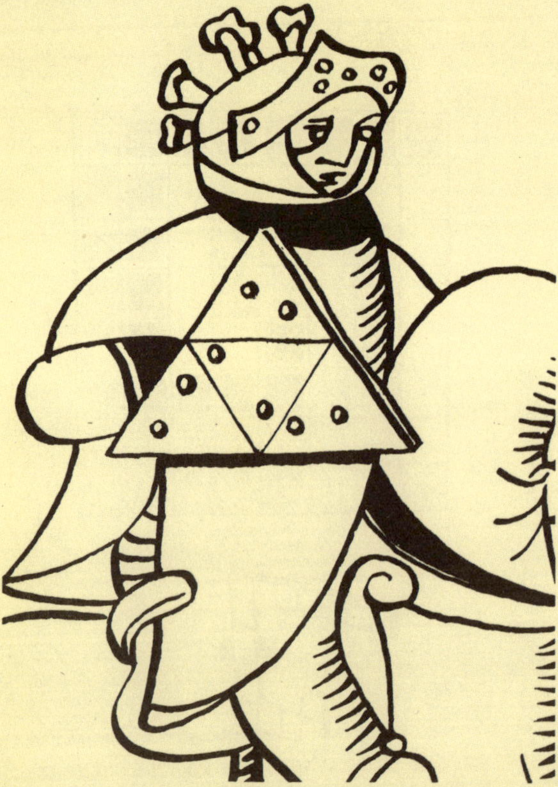

第25页的答案

uardhouse

卫兵的武器

携带武器的数量同卫兵团的人数是一致的：600。

实际上，5%的卫兵（即30人）携带1种武器，而剩下的570名卫兵（即其他的95%）之中，有一半携带2种武器，另一半不带武器，那其实就相当于不带武器的那些人把武器都给了之前已带了1种武器的人，总体算下来还是跟每人携带1种武器的数量是一样的。也就是570+30=600。

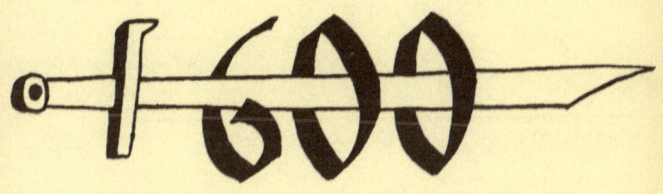

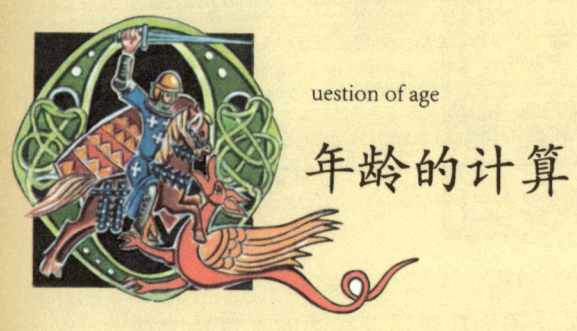

年龄的计算

uestion of age

题目给出的已知条件如下:

年龄	当年	现在
老师	x	40
学生	y	z

据此,根据题目的表述,所以有 $40=4y$(老师的年龄是学生当年的4倍),那么可以得出 $y=10$。所以:

年龄	当年	现在
老师	x	40
学生	10	z

另外还有 $z=x$(老师当年的年龄和学生现在一样),所以:

年龄	以前	现在
老师	x(或z)	40
学生	10	z(或x)

而两人的年龄差,不管多少年之后都是一样的,所以:

$x-40=10-x$

$2x=50$

$x=25$

所以学生今年25岁。

第27页的答案

riangles from matches 2

三角排列（二）

这次要用3D模式来思考！

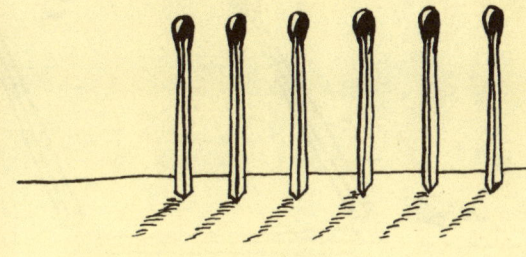

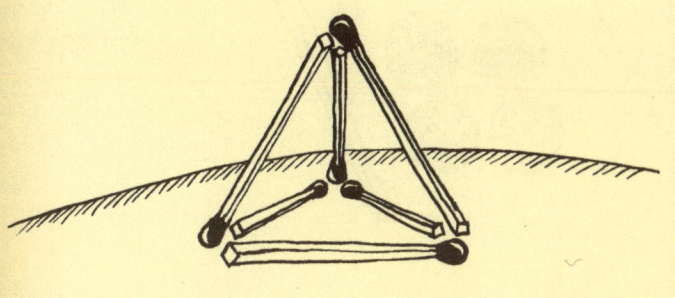

第28页的答案

ork

巧变叉子

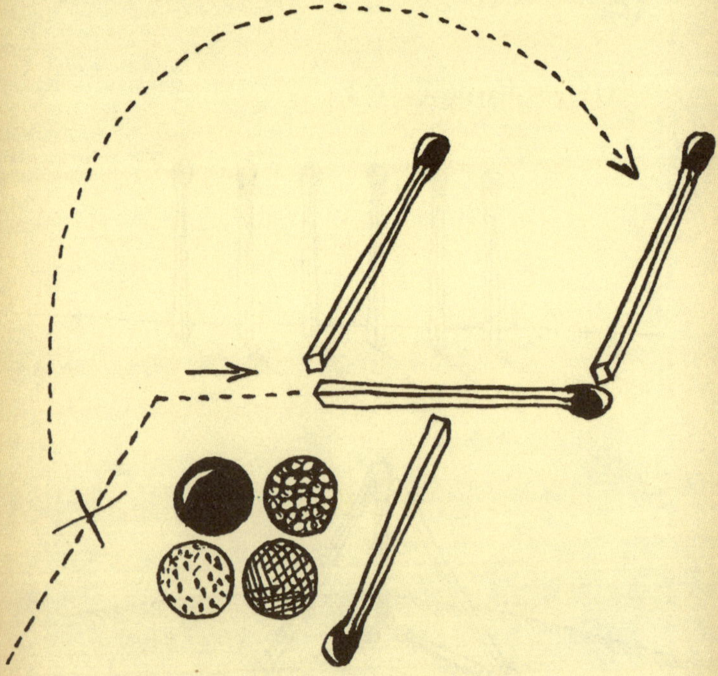

第29页的答案

Symbols

符号阵列

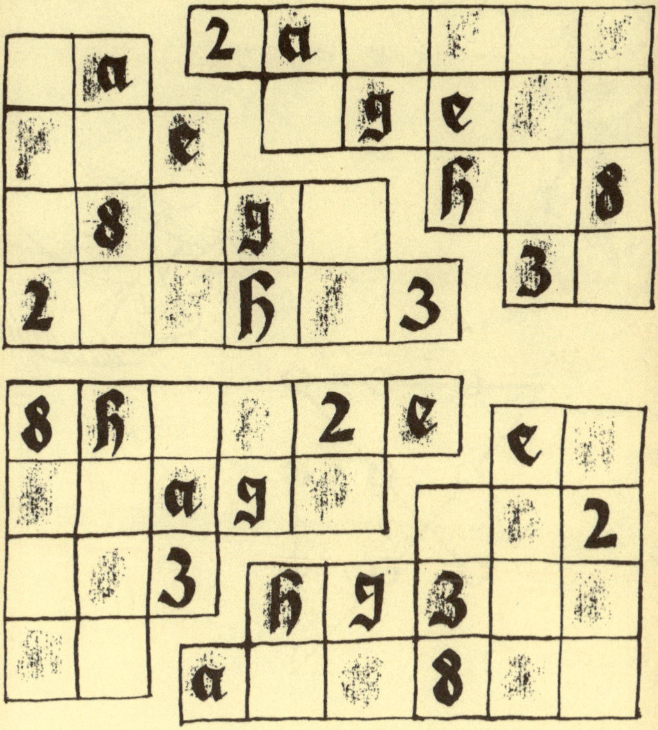

第30页的答案

ine points
一笔连线

以下是一种解题方式:

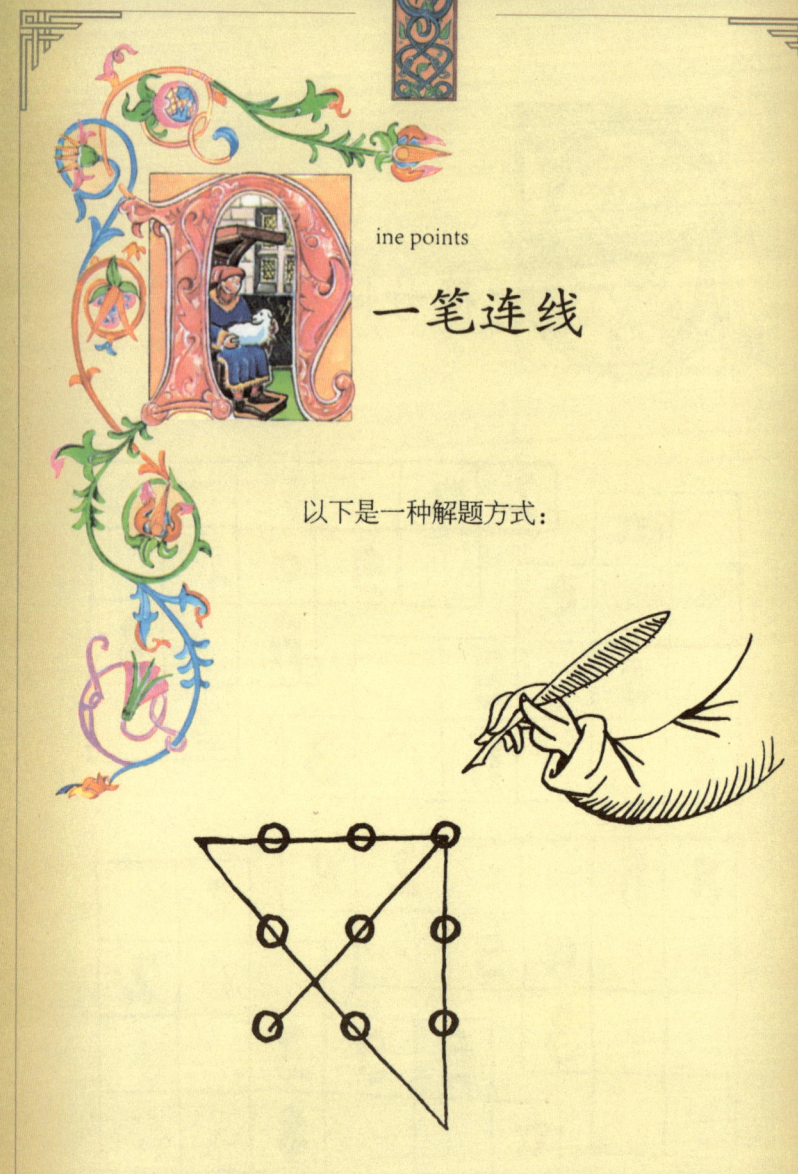

题目并没有限定只能在这9个点之内的区域画线。

第31页的答案

ndian file

颜色推理

2号骑士猜到了自己头盔上是黑色的羽毛,以下是他的推理过程:

"首先我知道,我们4个人之中,羽毛肯定是两黑两白。1号骑士能看到我,也能看到3号骑士,所以如果我的羽毛跟3号骑士相同,那么他必然能推断出自己是黑色。但是他沉默了,说明他无法确定,那么我的羽毛必然跟3号骑士不一样。而我能看到3号骑士是白色的羽毛,那么我的羽毛必然是黑色的。"

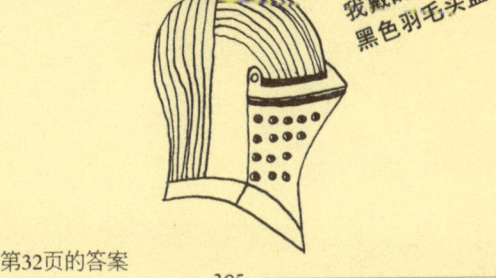

我戴的是黑色羽毛头盔

第32页的答案

A wolf, a goat and a cabbage

渡河难题

这个过程是这样的:

首先,猎人带着羊过河,把羊独自留在对岸,然后猎人回来。

接着,猎人带着狼过河,把狼独自留在对岸,猎人带着羊回来。

然后留下羊,猎人带着白菜过河,把白菜留在对岸和狼一起,然后猎人回来。

最后,猎人带着羊过河。问题解决。

第33页的答案

ubtraction 趣味减法

只能减1次。

减了1次之后,36就变成30了,再减就是用30减了,不是36!

第34页的答案

anuscript

手稿编页

出现数字9的页数有：

9，19，29，39，49，59，69，79，89，99（请注意，99这个算两次）；此外还有90，91，92，93，94，95，96，97，98（这些数字很容易算漏）。

因此，数字9一共要写20次。

第35页的答案

andicaps

残障感官

还剩下3种感官。

可能很多人觉得只有两种。请注意,说话的能力并不算是一种感官!

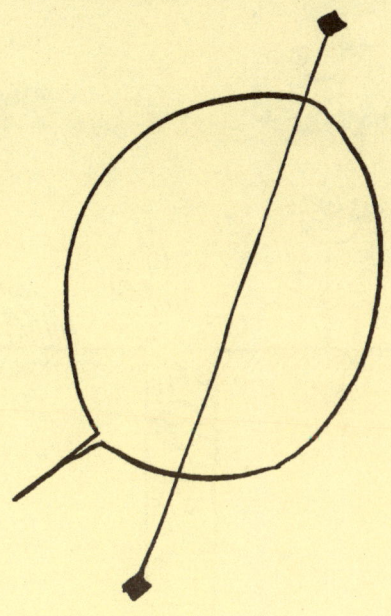

第36页的答案

 all

深洞取球

小男孩只需撒尿到洞里,让乒乓球浮起来就可以了!

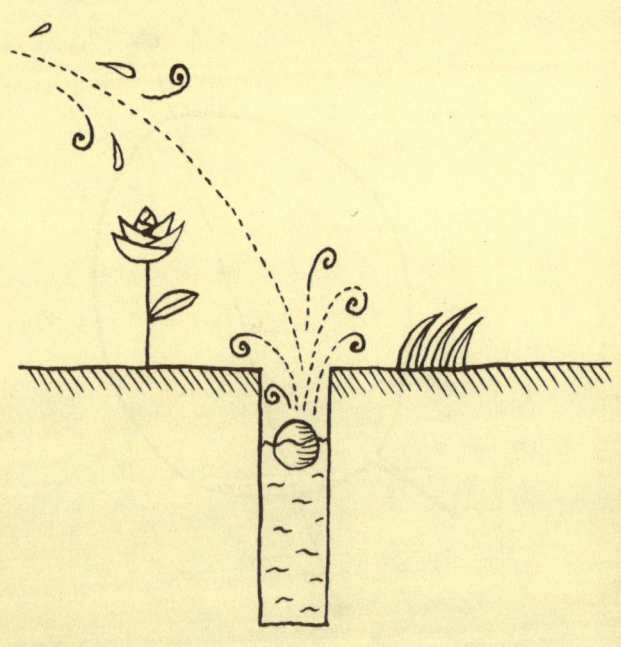

第37页的答案

*S*tandard

旗面填数

此题的关键在于了解数字1和8的特性：这两个数字不具备"连续性"。也就是说其相邻数字都只有1个，分别是2和7（其他数字的相邻数字都是两个）。所以利用这个特性，可以先把这两个数字放到中间的方格里（中间的方格其邻格最多，各有3个）。接着把2和7放到唯一能满足条件的位置，也就是两侧的方格内，让2和8相邻，1和7相邻。最后把剩下的4个数字放在上下两侧的4个格子内（下图是一种放法），这不就搞定了。

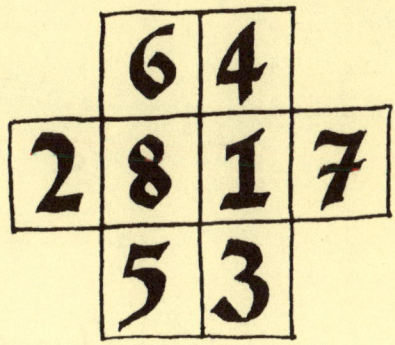

第38页的答案

riangle and sums

三角计数

在1-2这条边,剩下两个数字之总和必须为14,那么用5+9或6+8都可以。

在2-3这条边,剩下两个数字之总和必须为12,那么用4+8或5+7都可以。

在1-3这条边,剩下两个数字之总和必须为13,那么用4+9、5+8或6+7都可以。

经过几次试错,最后即可得到答案:

1-2这条边:5+9

2-3这条边:4+8

1-3这条边:6+7

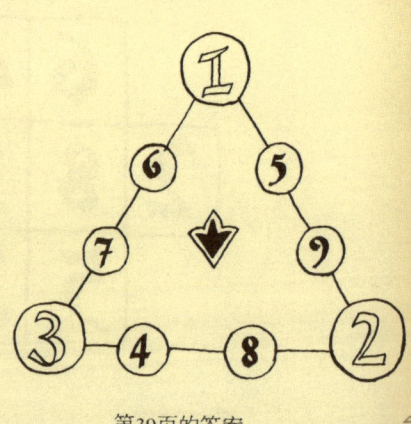

第39页的答案

recious stones

真假钻石

1a. 国王任意选出3颗钻石放在天平左边,再任选3颗放在右边。如果天平平衡,那么假钻石就在剩下的3颗之中(假钻石较重),接着进行2a步骤。

1b. 如果说1a操作中出现天平失衡,那么假钻石就在较重的那一边,那么国王就可以将较重的3颗进行2a步骤的鉴定。

1a.

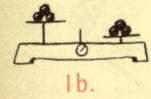
1b.

2a. 从较重的3颗钻石中随意拿1颗放在天平左边,再放1颗在天平右边。如果天平平衡,则第三颗钻石为假。

2b. 如果说2a的操作中出现天平失衡,那么重的那边钻石为假。

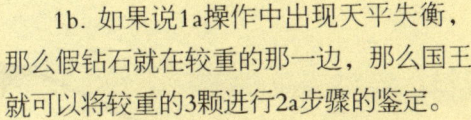
2a.

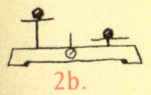
2b.

第40页的答案

ine level

酒有多少

方法不难，只需要把酒桶进行倾斜，让酒的液面刚好触碰到酒桶口，然后观察酒桶底部。如果酒的液面已经没过了酒桶桶底，说明酒比半桶多。而如果还能看得到桶底的一部分，说明酒不到半桶。

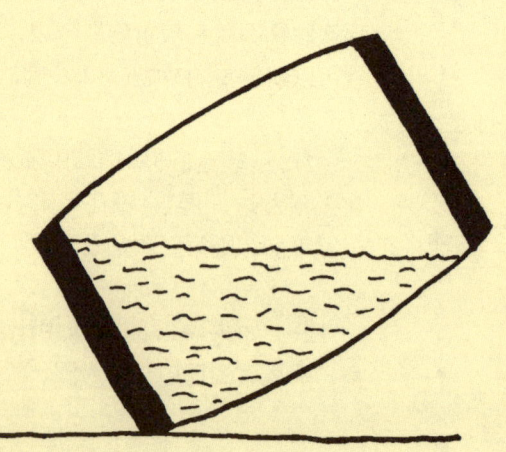

第41页的答案

trange equality

奇怪的等式

哪个年代都成立。

OCT的意思除了指10月，同时也指代八进制，而DEC的意思除了指12月，同时也指代十进制。而在八进制中的31，永远等于十进制的25。

十进制		八进制	十进制		八进制
1	→	1	14	→	16
2	→	2	15	→	17
3	→	3	16	→	20
4	→	4	17	→	21
5	→	5	18	→	22
6	→	6	19	→	23
7	→	7	20	→	24
8	→	10	21	→	25
9	→	11	22	→	26
10	→	12	23	→	27
11	→	13	24	→	30
12	→	14	25	→	31
13	→	15	……		

第42页的答案

ut-out
头饰剪裁

第43页的答案

onnections

管道连接

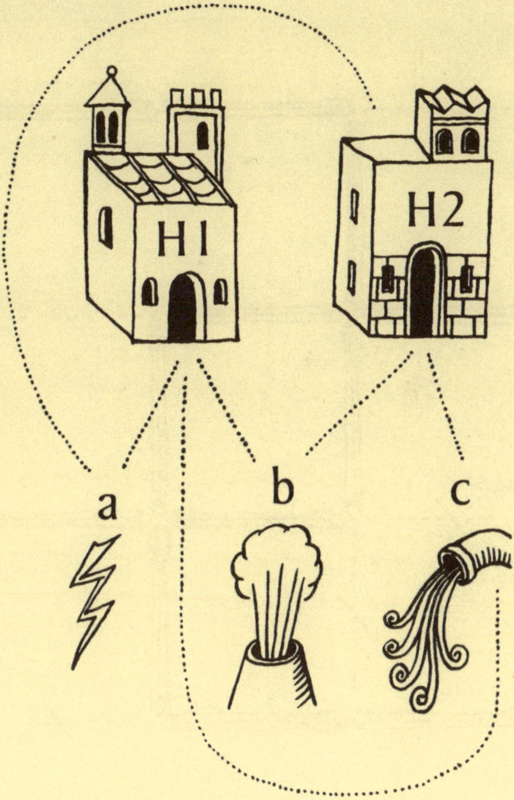

第44页的答案

atches 1

火柴阵列（一）

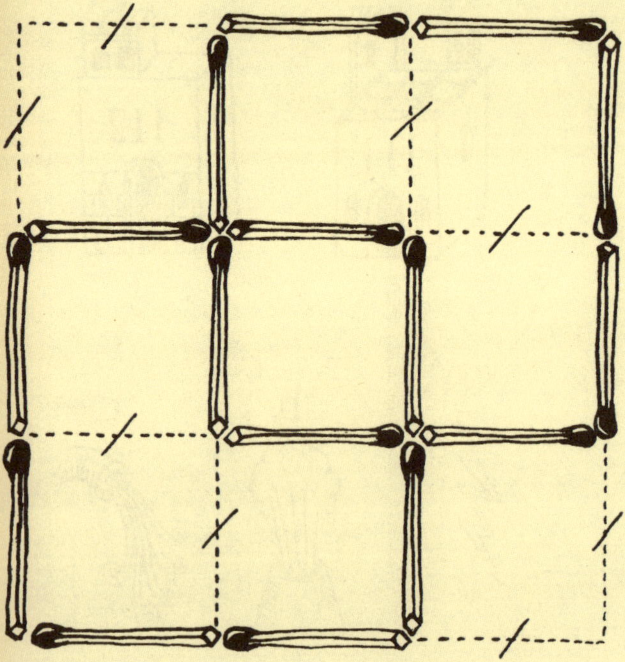

第45页的答案

atches 2

火柴阵列（二）

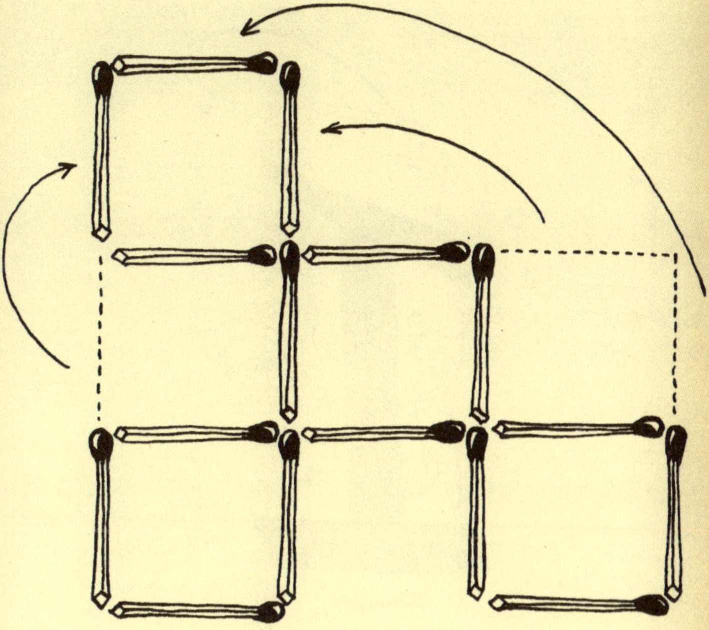

第46页的答案

All in the head

心算到底

最后的答案是1。

第47页的答案

ake 24 with 5、5、5、and 1

巧算 24

$1 \div 5 = 0.2$

$5 - 0.2 = 4.8$

$4.8 \times 5 = 24$

并没规定说运算过程只能出现整数嘛。通过这道题我们再一次见证了，人的大脑在处理问题时会自然而然的走向思维定式。

第48页的答案

rediction

世纪预言

2000-02-02这个日期,是自888-08-28以来的日期中,首次出现所有日期数字均为偶数的情况。

第49页的答案

ournament

竞赛统计

只有你1个人要去锦标赛现场啊!

you

第50页的答案

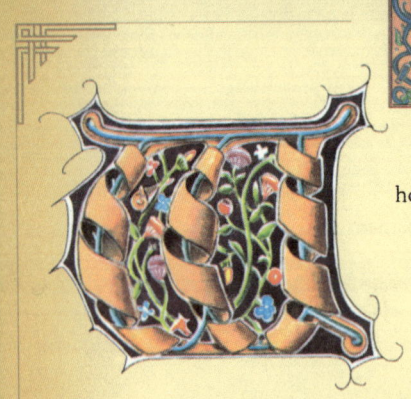
ho loses wins

输即是赢

因为两名骑士分别都骑了对方的马！

第51页的答案

eadpiece

头饰辨色

这位宫女的推理如下：（从左至右分别是第一位宫女、第二位宫女、第三位宫女）

情景1

第一种情况：不可能。如果第二、三位宫女戴的是白色头饰，第一位宫女看到之后就很容易猜到自己戴的是黑色头饰。

情景2

第二种情况：不可能。同第一种情况类似，如果第二位宫女看到第一、第三位宫女戴白色头饰，也很快会明白自己戴的是黑色头饰。

情景3

第三种情况：不可能。这种情况下，第一位宫女无法断定自己头饰的颜色，而后第二位宫女在看到第一位宫女的反应之后，也能明白一点，就是自己跟第三位宫女肯定颜色不一致才使得第一位宫女无法判断，所以第二位宫女就应该能猜到自己头饰的颜色为白色。

情景4

情景5

第四种情况：可能。

第五种情况：可能。

第六种情况：可能。

情景6

第七种情况：可能。

结论：在后面4种可能的情况中，排在第三位的盲眼宫女都只可能戴黑色头饰，所以她当然猜得出。

情景7

第52页的答案

quation in Roman number 1

罗马数字等式（一）

从右往左看就可以成立（相当于让这个等式作水平翻转）。

$$X = I + IX$$

第53页的答案

quation in Roman number 2

罗马数字等式（二）

1的平方根还是等于1。

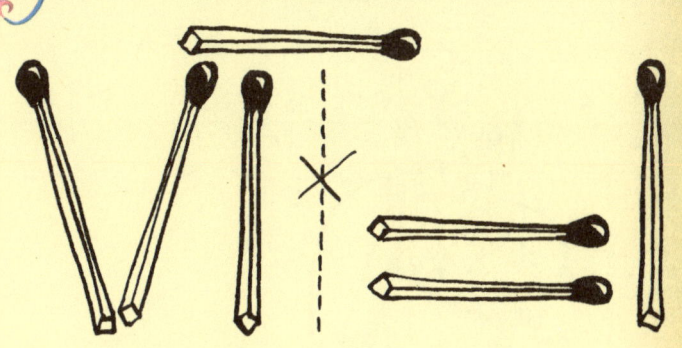

第54页的答案

hought detector 1

知你所想（一）

无论你想的是哪个数字，最后的结果一定是"S"这个符号。

任意一个两位数，减去其所组成的两个数字之后都必然是小于90的9的倍数。按这个规律就可以做出一张表格，在表格里的9、18、27、36、45、54、63、72、81的格子里放相同的符号即可。

第55页的答案

hought detector 2

知你所想（二）

不好意思，丹麦可没大象！我解释一下，按照题目的指引，大多数人在第一步得出的字母为D，于是最容易想到的国家为丹麦（Denmark），而这个单词第二个字母为e，那么这个字母打头的大型动物，基本上除了大象（elephant）也想不到其他的了。

第56页的答案

quare of matches

火柴的方

在英语中,"square"表示"方",除了"方形",也有"平方"的意思。

所以,4是2的平方,没毛病。

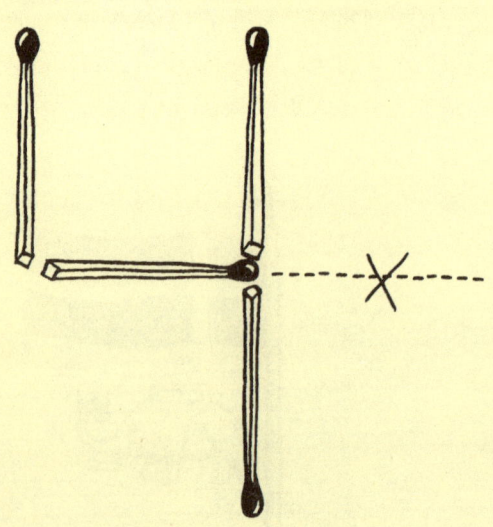

第57页的答案

ive squares

5 个正方形

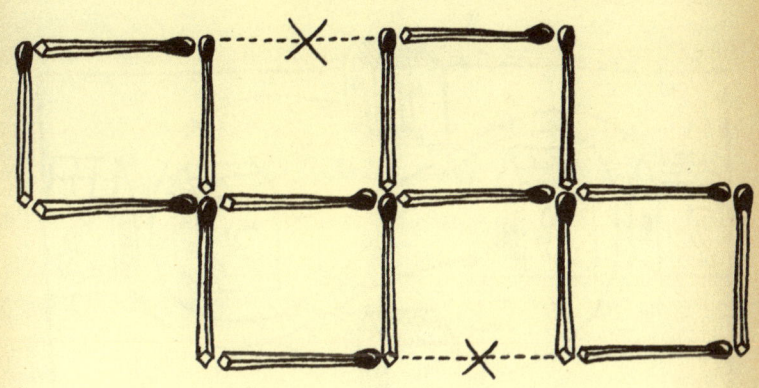

第58页的答案

athways

房屋通道

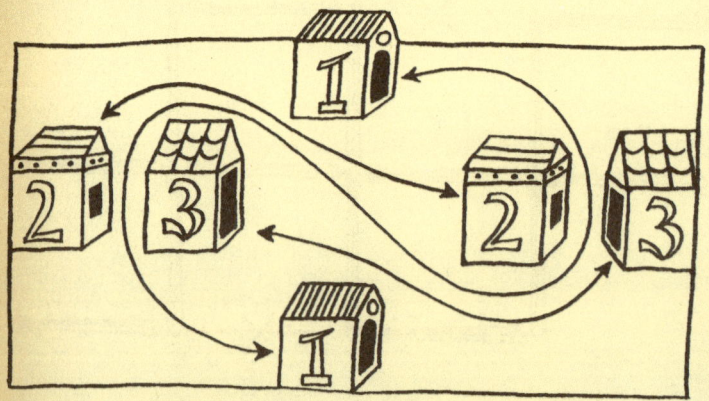

第59页的答案

solation

隔离病人

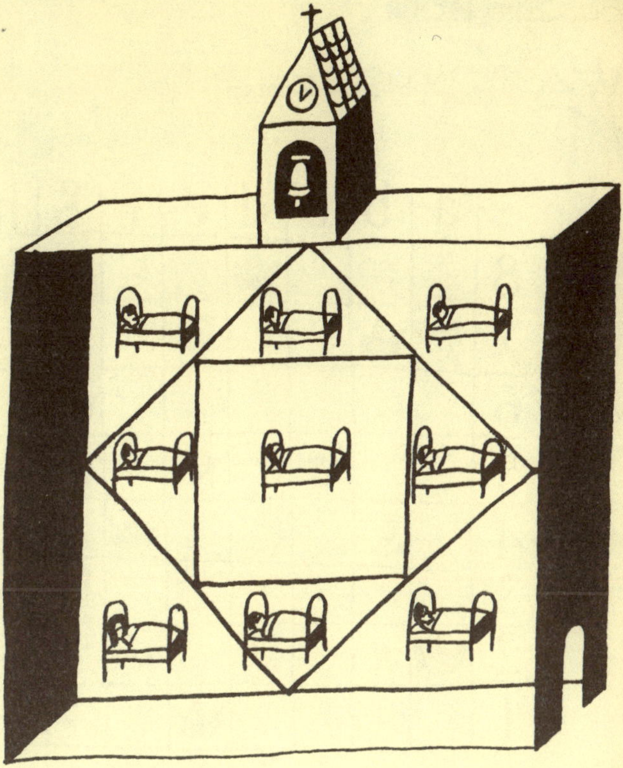

第60页的答案

ight queens
8个皇后

以下是一种解法：

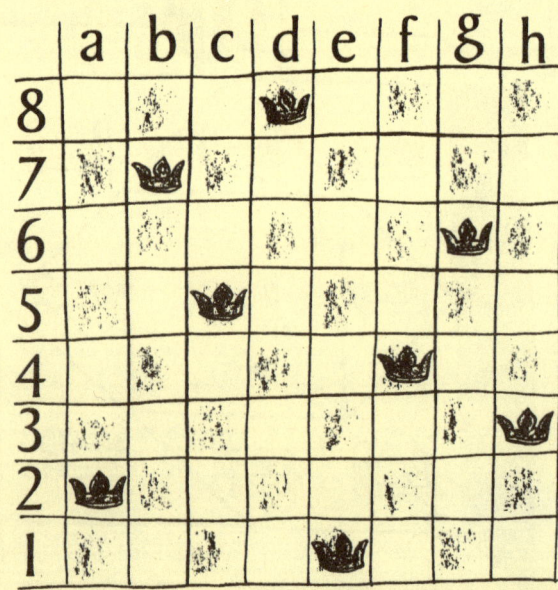

第61页的答案

our queens and a bishop

4个皇后1个象

下图中的解法，是把皇后放在c5、d3、e4和h8的位置，然后把象放到a2。

第62页的答案

ccurrences

保险箱密码

说真的,这个题目唯一的解法如下:

"在本句中,0出现1次,1出现7次,2有3次,3有2次,4有1次,5有1次,6有1次,7有2次,8有1次,9有1次。"

所以密码为:1732111211。

一开始唯一能确定的只有"0",出现1次。而后就必须进行不断的试错并最终找到答案。最快的方式是从9开始试错检验,然后是8,一直往回做。

第63页的答案

arpet

铺设地毯

地毯裁剪方式如下图:

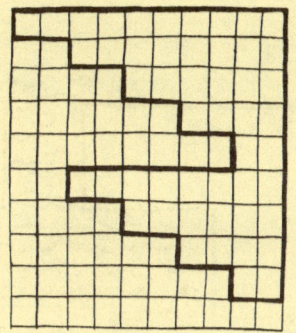

裁剪完之后这样铺:

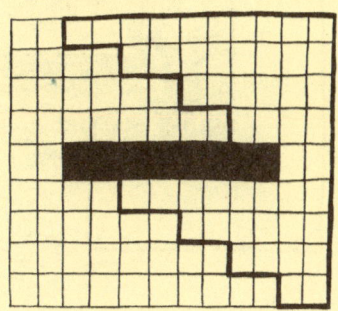

第64页的答案

Avalon

走进神秘岛

搭桥方法如下图:

第65页的答案

ogical series 2

推理序列（二）

这一串字母实际是对应英语数字单词的尾字母，onE，twO，threE，fouR，fivE，siX……所以最后两个应该是seveN的N和eighT的T。

...nT...

第66页的答案

ogical series 3

推理序列（三）

1（2，3）2（5，6）4（11，30）26（41，330）304

每个括号后的数字，是该括号内第二个数字与该括号前的数字之差。

比如：第一个括号后的"2"就等于第一个括号内的"3"与括号前的"1"之差，即2=3-1

每个括号内的第一个数字，是其之前那个括号内两个数字的和。

比如：第二个括号内的第一个数字"5"，等于其前一个括号内"2"和"3"之和，即5=2+3

每个括号内的第二个数字，是其之前那个括号内两个数字的乘积。

比如：第三个括号内的第二个数字"30"，就等于其前一个括号内"5"和"6"的乘积，即30=5×6

这样一来，最后那3个空格应该填入的数字就分别是41、330和304了。

（11+30=41，11×30=330，330-26=304）

第67页的答案

urderous route
越狱路径

这道题的关键在于,杀死第一人之后要返回自己的牢房(里面没尸体)。再由此往下进行即可。所以满足条件的路径不止一条,下图是其中一种解法:

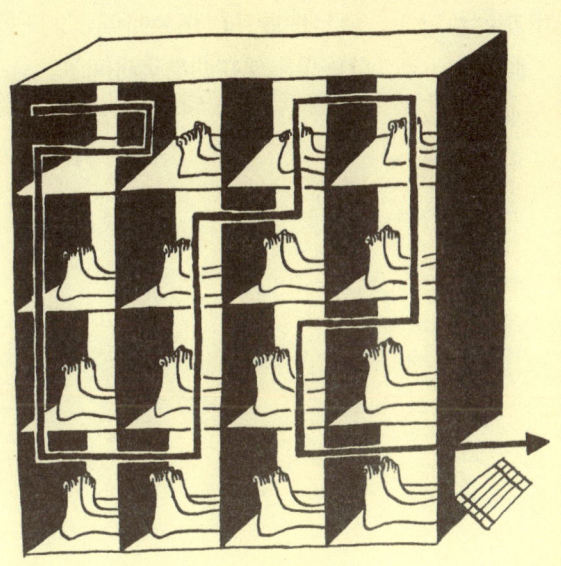

第68页的答案

lock

手表调校

  卡森出门前先把手表上好发条，将时间调至正午12点，然后去广场跟女孩约会。约会时记下自己抵达广场的时间和约会结束后离开广场的时间。到家后马上看看表，就能知道自己出门有多久。然后用这个时间减去约会过程的时间，就能知道自己路上所花的总时间。最后把离开广场的时间，加上路上总时间的一半，就能得出现在的准确时间了。

第69页的答案

here is the father?

爸爸在哪里

假设儿子的年龄为x，柏莎夫人的年龄为y。由于柏莎夫人现在比儿子大21岁，所以有

$x+21=y$

6年后，柏莎夫人的年龄是儿子的5倍，所以有：

$5(x+6)=y+6$

展开方程：

$5x+30=y+6$

$y=5x+24$

$x+21=5x+24$

$-3=4x$

$x=-3/4$（年）$=-9$个月

也就是说此时的柏莎夫人刚刚受孕！那爸爸此时当然跟妈妈极为"亲近"啦！

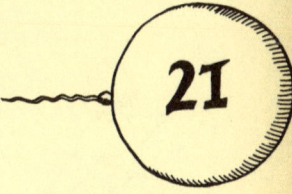

Extremely close!

第70页的答案

he sphinx

斯芬克斯的谜题

答案是人。

人小时候用四肢爬行,长大后用双腿站立,最后上了年纪杵着拐杖走路。

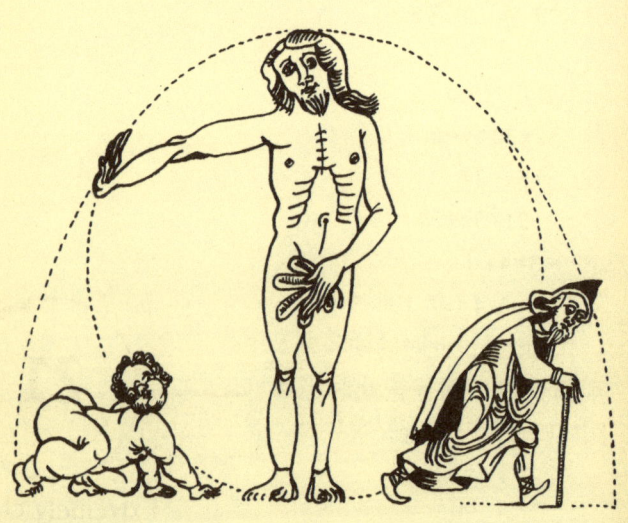

第71页的答案

hildren

几儿几女

另一半也是女儿！

第72页的答案

rsenic

找出毒药

首先将12包药依次编号（1~12），然后：

——1号药包里拿出1颗药丸；

——2号药包里拿出2颗药丸；

——3号药包里拿出3颗药丸；

——……

——12号药包里拿出12颗药丸。

12包药中一共取出78颗药丸，接着将这78颗药丸一起放到秤盘上称重。在没有换药的情况下，这78颗药丸的总重应该为：

78×10=780（克）

而现在已知砒霜丸比正常药丸轻1克，那么皇后只需要看看称出来的结果比780克少了多少就知道了。比方说，如果称出来共重777克，那么就一定是3号药包（因为从这个包里拿出了3颗药）里面有毒药。

第73页的答案

rossing the bridge

勇闯恶魔桥

（1）A和B拿着火把过桥，费时2分钟。
（2）A拿着火把返回，累计费时3分钟。
（3）C和D拿着火把过桥，累计费时13分钟。
（4）B拿着火把返回，累计费时15分钟。
（5）A和B再次拿着火把过桥，从开始到现在正好17分钟！快走！不然恶魔就要来了！

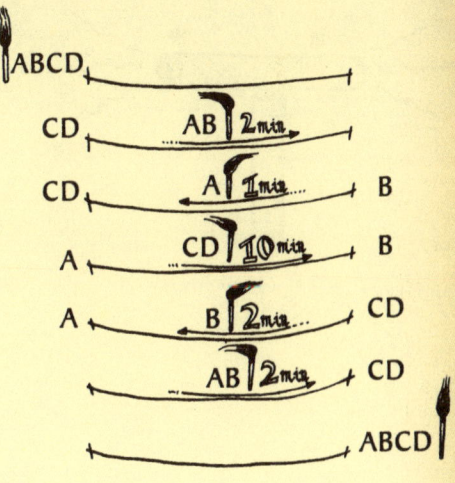

第74页的答案

agnetism

磁力铁棒

将两根铁棒排成T形。

如果这样摆放没有反应,说明横放的这根铁棒是磁铁。

如果这样摆放出现两根棒相吸或者相斥,那么竖放的就是磁铁了。

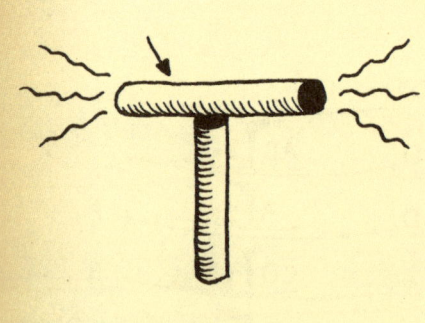
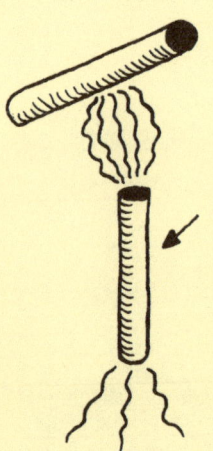

第75页的答案

assword

通行口令

他应该回答:"4!"
其实只需要根据守卫说出的数字,答出该数字英文单词的字母数量即可。

第76页的答案

ehind bars

铁窗上的景象

会在方格之间看到灰色的点。

绝大多数人都会出现这样的视觉误差,实际上这些灰点并不存在。

第77页的答案

ears

转动的齿轮

齿轮好像在转动!这又是一个经典的视觉误差案例,是不是很有意思?

第78页的答案

en eggs

母鸡下蛋

200个。

按照题目的条件，400只母鸡8天就可以下400个蛋，所以400只母鸡4天下200个蛋。

第79页的答案

ats

猫捉老鼠

一样还是3只猫啊!

如果3只猫一起捉老鼠,那就是平均每分钟抓1只。所以100分钟就抓100只老鼠啦!

第80页的答案

ound

谁的儿子

医师是伤者的母亲。

第81页的答案

ule-driver

赶骡子的人

赶骡子的人只是自己走入内街,没说他带骡子了啊!

第82页的答案

our d'honneur

中庭的正方形

一共有30个正方形：

——1×1的正方形16个；

——2×2的正方形9个；

——3×3的正方形4个；

——4×4的正方形1个。

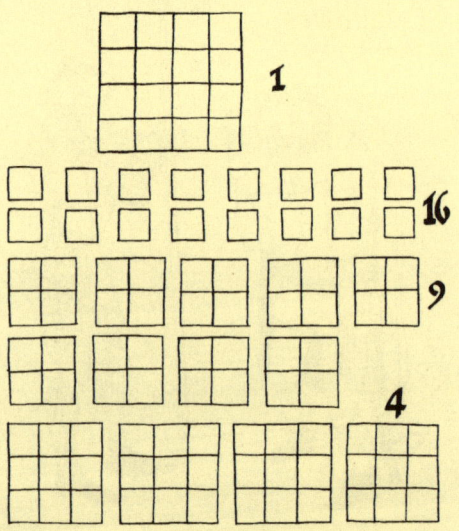

第83页的答案

ount the triangles

宝石的三角

一共是35个三角形。

图中涉及两类线段：构成五边形的线段和构成星形的线段。

我们先从五边形开始看。部分三角形同五边形共用1条边，从线段NM开始，可以数出6个三角形（分别以A、B、C、D、E、F为三角形的第三点）。同样的方式可以套用到五边形的其他4条边，不过这个过程会出现一些重复，因为有的三角形共用了五边形的两条边。如果我们将经过F点的三角形忽略（比如三角形NMF），就可以避免重复了。这样一来，五边形的每条边各有5个三角形，共计25个。

五边形数完了，接下来我们来梳理与星形共用边的三角形。从线段AN开始，不算跟五边形共用边的三角形，线段AN上能构成的三角形有CDM和ANG。而像线段AN这样构成星形的线段共有5条，所以依托星形的边构成的三角形共有10个，所以全部加起来一共有35个三角形。

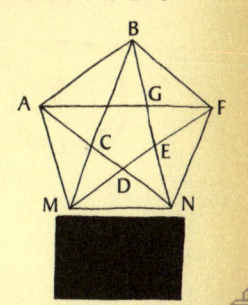

第84页的答案

ive Lines

硬币排线

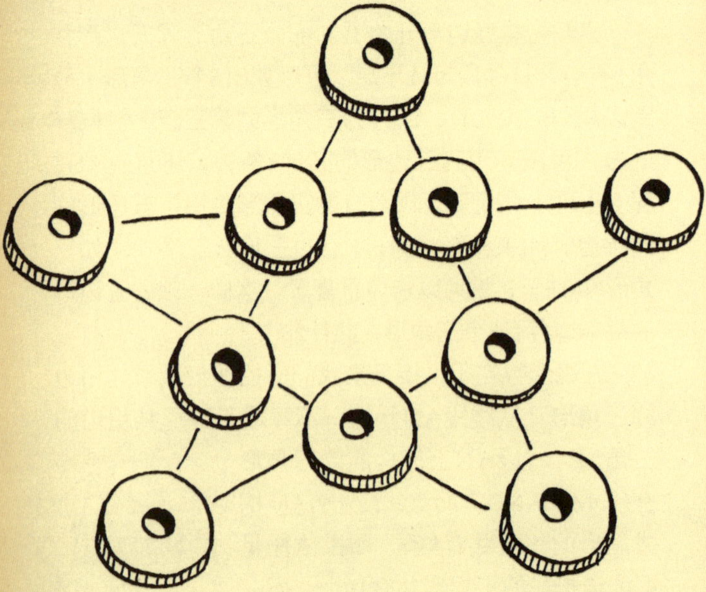

第85页的答案

he tower, watch out!

层层叠塔

1234		
234	1	
34	1	2
34		12
4	3	12
14	3	2
14	23	
4	123	
	123	4
	23	14
2	3	14
12	3	4
12		34
2	1	34
	1	234
		1234

第86页的答案

ake up your pens

一气呵成

请按照以下方式绘画：

——从a到b；

——自b往上画半圆至e；

——从e到d；

——自d往上画半圆至c；

——从c到d；

——自d往下画半圆至c；

——从c到b；

——自b往下画半圆至e；

——最后从e到f，完成。

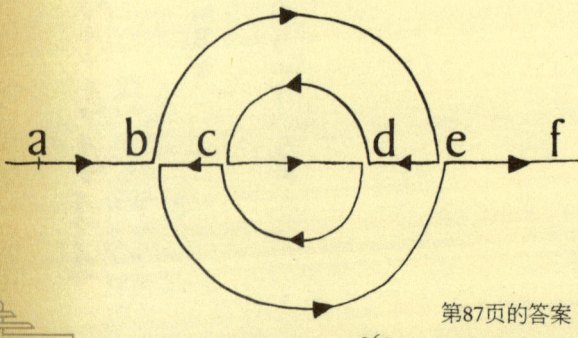

第87页的答案

razy paving

古怪的瓷砖

你看到的线条是不是有弧度？实际上每块瓷砖四边的线条都是百分百的直线。

又一个视觉误差现象。

第88页的答案

oollen stockings

毛袜配对

因为有3种不同颜色的毛袜,只要从衣柜里拿出4只袜子,则至少会有1双颜色是相同的。

第89页的答案

reasure chest

金币和银币

只需要看一下贴着"金币和银币"标识的盒子即可。由于所有标识都是错误的,那就意味着:

如果看到的是金币,那么这个盒子必然全是金币;如果看到的是银币,那么这个盒子必然全是银币。

这个盒子确认了,就可以推断出其他两个盒子里的情况。

第90页的答案

leven branches

11根树枝

要拿2根。

分析如下：

A骑士拿2根树枝，B骑士可以拿1根、2根或3根。在这种假设的情况下，A骑士就对应地拿3根、2根或1根树枝，这样一来，相当于都是A骑士拿走第6根树枝（还剩下5根在桌上）。从这里开始，不管B骑士拿1根、2根或3根，A骑士就可以对应地拿3根、2根或1根，而这种情况下都会剩下最后一根树枝在桌上，B骑士必输无疑。

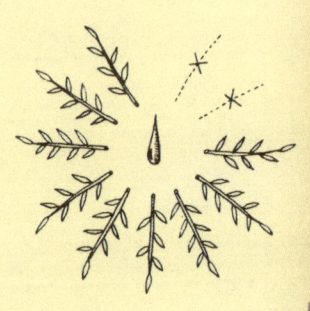

第91页的答案

he sheep

分绵羊

父亲的朋友借给3个儿子1只绵羊,让绵羊的总数达到18只。现在再按照他们父亲的遗愿,给大儿子分一半,也就是9只;给二儿子$\frac{1}{3}$,也就是6只;给小儿子$\frac{1}{9}$,也就是2只。

这样总共就是9+6+2=17只绵羊。

最后剩下的1只还给父亲的朋友,这就完成了父亲的遗愿。

第92页的答案

roduct value

乘积问题

最后为0。

因为在(x-y)之前会出现(x-x),而(x-x)=0,因此整个乘积为0。

第93页的答案

re all real numbers positive

所有实数均为正?

并不对。

错误出现在第（2）步到第（3）步之间。要实现第（2）步到第（3）步，必须是x为正数或0时才能成立。

第94页的答案

lternation

黑白交替

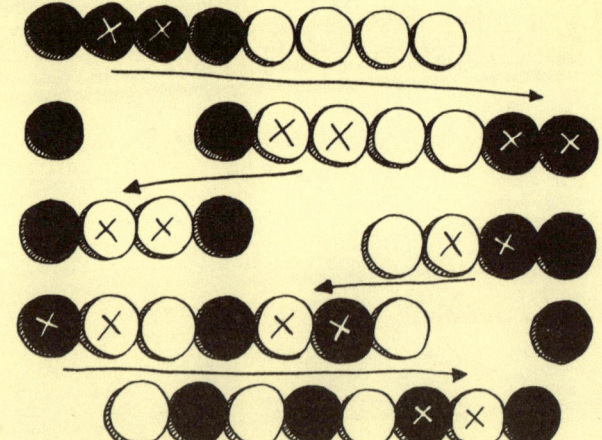

按图示移动4次即可实现。

第95页的答案

urse

排列钱包

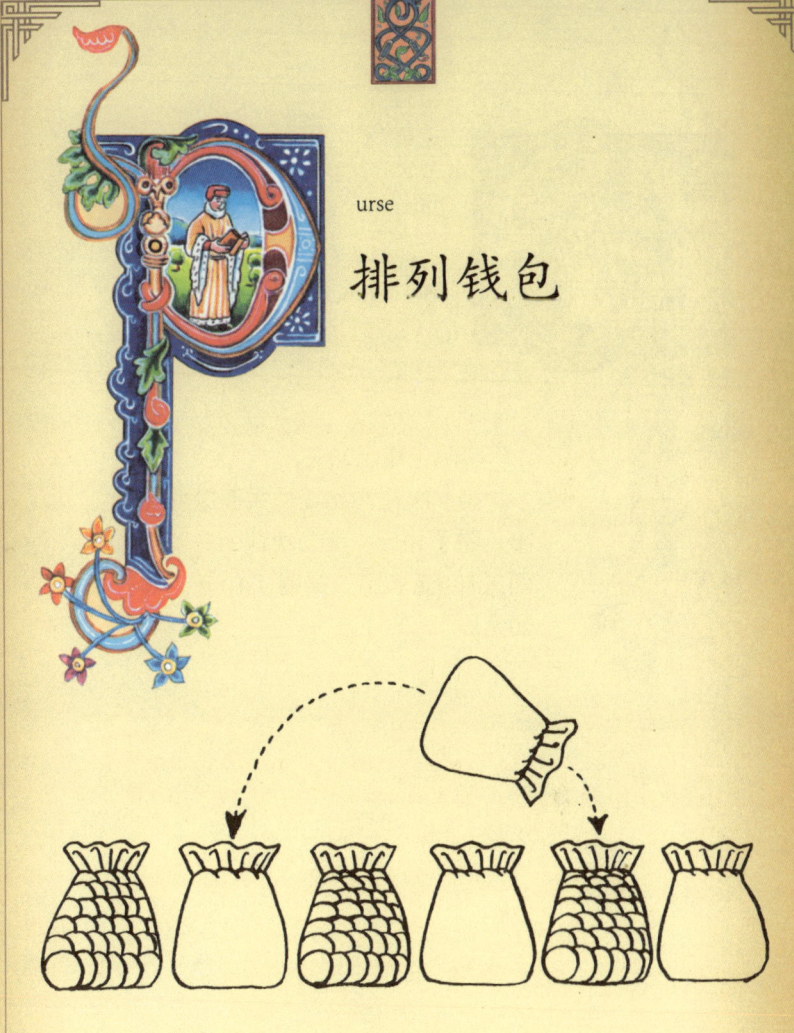

将第二个钱包里的钱币全部倒入第五个钱包里，然后把倒空的钱包放回原位就行了。

第96页的答案

Profit 赚了多少

实际上赚了20元。

第一次花70元买的东西以80元卖出,赚了10元,第二次花90元买的东西以100元卖出,又赚了10元。共计20元。

第97页的答案

t the market

败家女人

一开始有620元。

我们假设艾德夫人走进某个摊位时钱包里剩下的钱为x，在该摊位消费完之后离开时钱包里剩下的钱为y。

那么在该摊位所花的钱就是(x−y)，根据题目的描述，我们有

$x - y = x \div 2 + 10$ $x - (x \div 2) - 10 = y$

$x \div 2 - 10 = y$ $x \div 2 = y + 10$

$x = 2 \times (y + 10)$

这个方程关系适用于每个摊位。

而逛完最后一个摊位后，她所有的钱都花光了，所以我们可以说y=0，那么x=2×(0+10)=20

所以，走进最后一个摊位时，钱包里有20元。

然后按照这个算法往回推：

2×(20+10)=60   2×(60+10)=140

2×(140+10)=300   2×(300+10)=620

所以一开始钱包里有620元。

第98页的答案

ecapitation

谁被杀害

一个大地主的头被砍掉了——说的就是国王本人!

第99页的答案

mpty cup

空杯装水

只能装1滴水。装了1滴之后就再也不是空的高脚杯了!

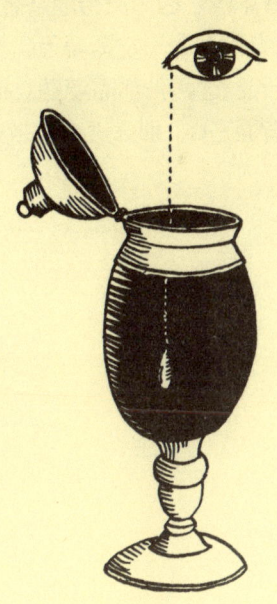

第100页的答案

our cards and four letters

卡和字母

需要翻开3张卡。

有以下3种不同的情况：

G卡：必须翻过来证明其背面是L。

L卡：翻这张牌没有意义，L卡背面是否为G对证明过程没有影响。因为原命题是想证明G卡背面的内容，而L卡背面并非一定需要为G。

D卡和P卡：这两张都需要翻。而这两张牌中只要其中一张背面是G，那么原命题就是错的。

第101页的答案

ard-teaser

纸牌解密

根据提示一和提示三，我们可以确定这3张牌为K、5、10。接着就是确认这3张牌的花色和顺序。

根据提示二，可以衍生出3种可能：

     根据提示四，这种可能性排除；

     根据提示三，这种可能性排除；

     符合所有提示，这个可能性是正确的。

最后，根据提示三可以得知10在红心的左边，根据提示一可以得知5在K的右边，所以最后的答案为：

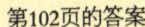

第102页的答案

icks
灯芯计时

药师需要同时点燃A、B和C端。

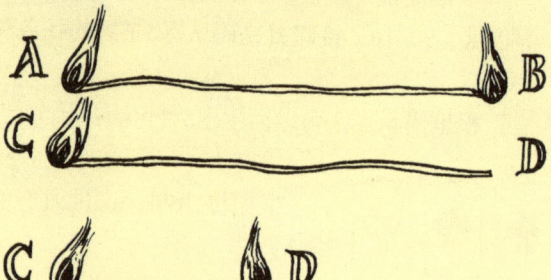

等第一根灯芯（AB）燃尽，时间就过了30分钟。此时点燃D端……

第二根灯芯（CD）剩下的部分原本是可以再持续燃烧30分钟的，而由于现在另一头也被点燃，所以15分钟就能燃尽。

那么 30分钟 + 15分钟 = 45分钟。

第103页的答案

adlock

盒子里的秘密

女孩将头发放入盒子之后,用自己的挂锁将盒子锁好并让别人带给男孩。男孩收到盒子后也用自己的挂锁锁上盒子,再让人带回给女孩。女孩收到盒子后用自己的钥匙打开自己的挂锁,再次让人带给男孩。男孩第二次收到盒子之后再用自己的钥匙打开自己的挂锁,就可以打开盒子了。

第104页的答案

ragonfly

飞行的蜻蜓

男孩和女孩行进的速度相同（10千米/小时），所以各自的路程为50千米，算下来他们各自在路上都要花5个小时。这样一来，蜻蜓的飞行距离就是 150千米/小时 × 5小时 = 750千米。

第105页的答案

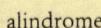alindrome

回文骑士

首先，15951之后的下一个回文为16061。那么这位骑士2小时骑了110千米，所以速度为55千米/小时。

uinevere

囚禁之塔

嫔妃从塔壁任意一点出发往北行走，直到抵达第二个塔壁点。接着她90°左转弯向西走，走到了第三个塔壁点。其实这两条路径对应的即是直角三角形的两条直角边，边长分别为30步和40步。而在一个圆之中所画出来的直角三角形，其斜边刚好就是圆形的直径。根据勾股定理，直角三角形斜边的平方等于另外两条边的平方之和，所以：

斜边的平方＝30的平方＋40的平方

斜边的平方＝900＋1600＝2500

斜边＝$\sqrt{2500}$＝50

所以塔的直径为50步。

第107页的答案

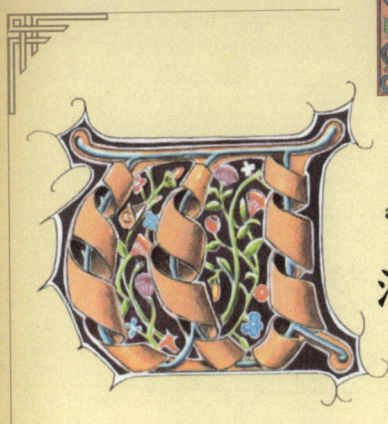

aterlily

池塘里的睡莲

需要9年的时间。

由于浮叶表面积每年增加1倍,满10年覆盖整个池塘,那么在第9年的时候必然只覆盖了半个池塘。如果多加1片浮叶也是同样的道理,到第9年的时候两片浮叶各覆盖池塘的一半,也就表示整个池塘在第9年时就被浮叶盖满了。

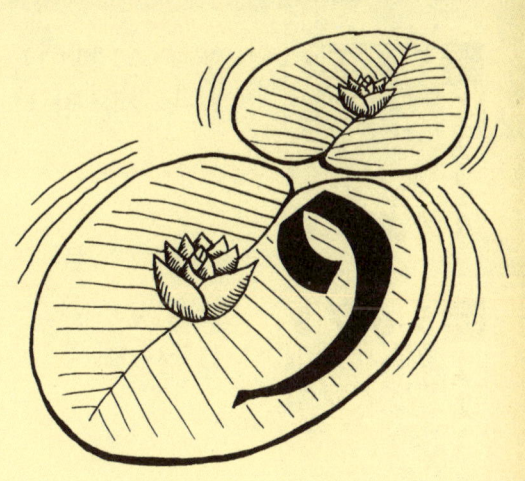

第108页的答案

ird becomes dragon

鸟与龙

最少要打开4个锁。

步骤（1）——
打开2号锁。

步骤（2）和（3）——
打开5号锁和8号锁。

步骤（4）——
打开4号锁。

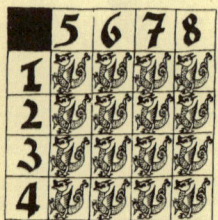

第109页的答案

limbing snail

蜗牛爬墙

第八天的白天就可以爬到墙头啦。

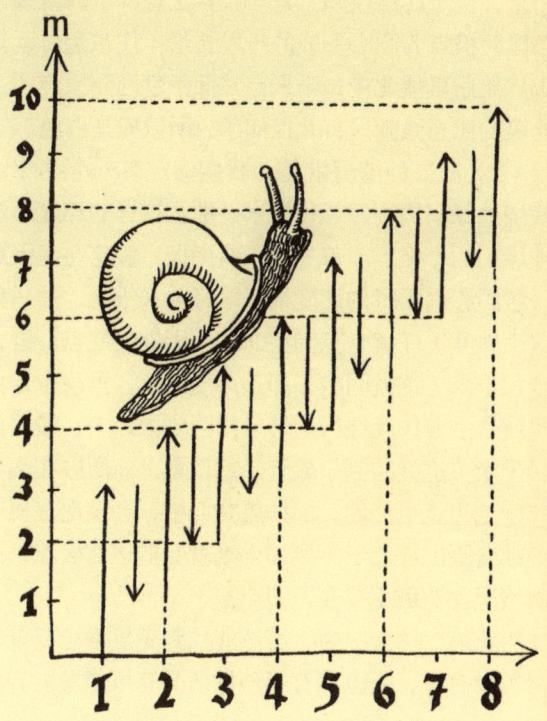

第110页的答案

ear hunt

猎熊奇遇

这种特异的现象，只有在以下地点才有可能发生：

（1）正好在北极点。在北极点以南10千米处往东走10千米，行走的路径并不是一条真正意义上的直线，而是一条以北极点为圆心形成的一段弧形（往东走再远也是如此）。然后再往北走10千米自然而然就回到原点了。既然是北极的熊当然就只有北极熊了，所以熊是白色。

（2）第二种情况就是，我们假定有一个纬度，这个纬度绕地球一周刚好为10千米。那么这样的纬度必然很接近地球的两个极点。首先我们看南极，假定在南极点附近有一条同赤道平行的纬度周长刚好为10千米，然后猎人就从这个纬度上任意一点向往北10千米处的地点行进，先往南走10千米（这就回到了那条纬度上），再往东走10千米（也就是沿着纬度绕行地球一圈回到原点），最后再往北走10千米（这就回到了最开始的位置）。所以在南半球特定纬度上也是可能的；而如果是北极，会发现在周长10千米的纬度圈上往北走不到10千米就会抵达北极点，因此同样的情况在北极不存在。

然而第二种情况中，虽然能找到满足路径要求的点，但南极没有熊，所以只有第一种情况有可能发生。

第111页的答案

igital display

数字时钟

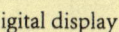

一天24小时之中，数字钟的钟面显示是从00:00走到23:59。而一天中左侧小时区会出现数字1的各个钟点分别为：

01:00	13:00	17:00
10:00	14:00	18:00
11:00	15:00	19:00
12:00	16:00	21:00

此外，在每个小时之中，右侧分钟区会出现数字1的时间有以下15种：

XX:01	XX:16	XX:51
XX:10	XX:17	
XX:11	XX:18	
XX:12	XX:19	
XX:13	XX:21	
XX:14	XX:31	
XX:15	XX:41	

一天有24小时，所以有 24×15=360次。

接着360+12=372次。

所以一天之中数字1总共出现372次。

第112页的答案

urveyor

平分田地

第113页的答案

mprisoned

塔里的囚犯

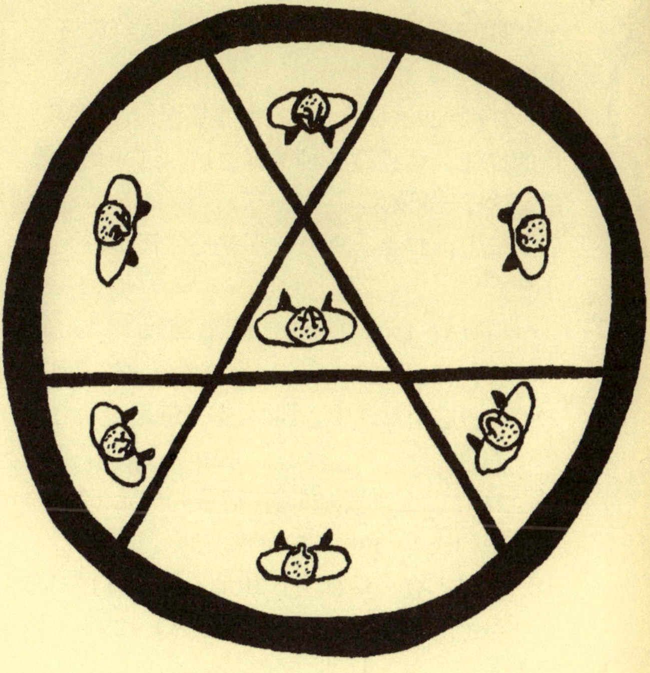

第114页的答案

t the inn

消失的1元钱

那1元钱没有消失，而是计算方式给你设了个套。

27+2=29这种算法本身就是错误的。按照题目的描述，再经过各种情况之后，这30元钱最后是这样分配的：

旅店：27元，拆分一下就是住宿费25元，小费2元。

商贩A：1元；商贩B：1元；商贩C：1元。

加起来还是30元，1分钱都不差。而在27+2=29这个算式中，那2元本来就是27元之中的一部分。

27元（2元小费+25元住宿费）+3元（还给3个商贩的钱）=30元（总金额）。

或者还有一种算法：30元（总金额）-3元（还给3个商贩的钱）-2元（小费）=25元（住宿费）。

没毛病，一切正常。

第115页的答案

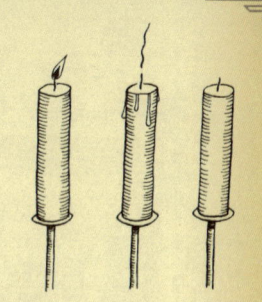

听音点烛

院长必须按以下流程行动：

（1）请地窖里的第一位修士发出点蜡烛的信号，然后等2分钟再让他发出熄灭蜡烛的信号；

（2）请地窖里的第二位修士发出点蜡烛的信号，然后立刻上楼到教堂里查看：

——如果蜡烛还亮着，则说明班特修士听得见第二位修士的声音。

——如果蜡烛没亮，但烛底有融化过的蜡，证明蜡烛燃烧过，那么班特修士听得见第一位修士的声音。

——如果蜡烛没亮，而且烛身没有温度也没有融化过的蜡，那就是说班特修士前两位修士的声音都没听到，那么嗓门大的一定是第三位修士。

第116页的答案

wo guards

两名守卫

  要问其中一名守卫:"如果我问另一名守卫出口是哪个门,他会怎么说?"然后就不走那个门就对了。

第117页的答案

ood call

生死抉择

只有一个办法。反对者在所有人的见证下，随意拿出一颗大理石之后迅速吞到肚子里。这样一来，如果要知道他拿的是什么颜色，就只能去查看头盔里剩下的大理石颜色为何。而剩下那颗必然是黑色，所以大家都会认为反对者吞下的是白色大理石。这么多双眼睛盯着，国王也只能作罢，可能还会当场释放反对者。

第118页的答案

little mental arithmetic

心算风暴

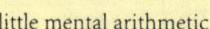

$2 + 2 - 2 - 2 = 0$	$(3 + 3 + 3) \div 3 = 3$
$(2 \div 2) \times (2 \div 2) = 1$	$((3 \times 3) + 3) \div 3 = 4$
$(2 \div 2) + (2 \div 2) = 2$	$3 + 3 - (3 \div 3) = 5$
$(2 + 2 + 2) \div 2 = 3$	$3 + 3 + 3 - 3 = 6$
$2 + 2 + 2 - 2 = 4$	$3 + 3 + (3 \div 3) = 7$
$2 + 2 + (2 \div 2) = 5$	$(3 \times 3) - (3 \div 3) = 8$
$(2 \times 2 \times 2) - 2 = 6$	$(3 \times 3) + 3 - 3 = 9$
$(2 \times 2 \times 2) + 2 = 10$	$(3 \times 3) + (3 \div 3) = 10$
$(2 + 2 + 2) \times 2 = 12$	

$((4 \times 4) - 4) \div 4 = 3$	$(5 + 5 + 5) \div 5 = 3$
$((4 + 4) \div 4) + 4 = 6$	$((5 - 5) \times 5) + 5 = 5$
$4 + 4 - (4 \div 4) = 7$	$((5 \times 5) + 5) \div 5 = 6$
$(4 \times 4) - 4 - 4 = 8$	$(5 \times 5) + (5 \div 5) = 26$
$(4 \times 4) + 4 + 4 = 24$	$(5 + (5 \div 5)) \times 5 = 30$
$((4 + 4) \times 4) - 4 = 28$	$(5 \times 5) + (5 \times 5) = 50$
$(4 \times 4) + (4 \times 4) = 32$	$((5 + 5) \times 5) + 5 = 55$
$(4 + 4 + 4) \times 4 = 48$	$(5 \times 5 \times 5) - 5 = 120$

第119页的答案

Addition

妙用加法

$$8+8+8+88+888=1000$$

第120页的答案

29 February

特殊的生日

28岁。

由于一年是365天,而365除以7会余下1,因此生日所在的星期几每年都会往后移1天。而闰年是366天,也就是往后移2天。每4年会出现1次闰年。而对于2月29日而言,下一次生日会往后移5天(3天+2天)。因此,如果他们的儿子出生那天是星期一,那么下一次生日就要往后移5天,落到星期六。接着第二轮落在星期四,第三轮落在星期二,第四轮为星期日,第五轮为星期五,第六轮为星期三,然后第七轮再次回到星期一。这样一来,这个孩子到第七轮过2月29日的生日时才会再回到星期一,应该为7×4=28岁。

第121页的答案

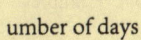

umber of days

哪月 28 天

从1008年1月到1012年12月,总共有5×12=60个月。所以这个期间内有60个月是有28天的,因为每个月至少都有28天啊!

第122页的答案

ive Triangles

5个三角形

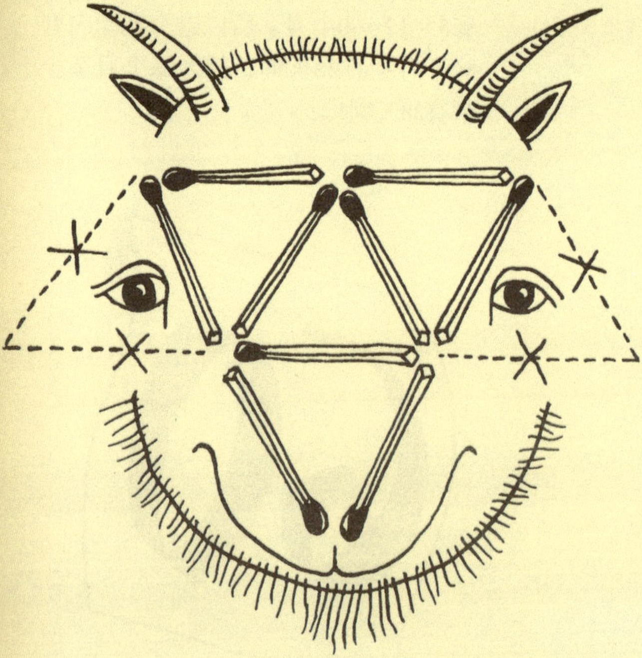

第123页的答案

atches 3

火柴阵列（三）

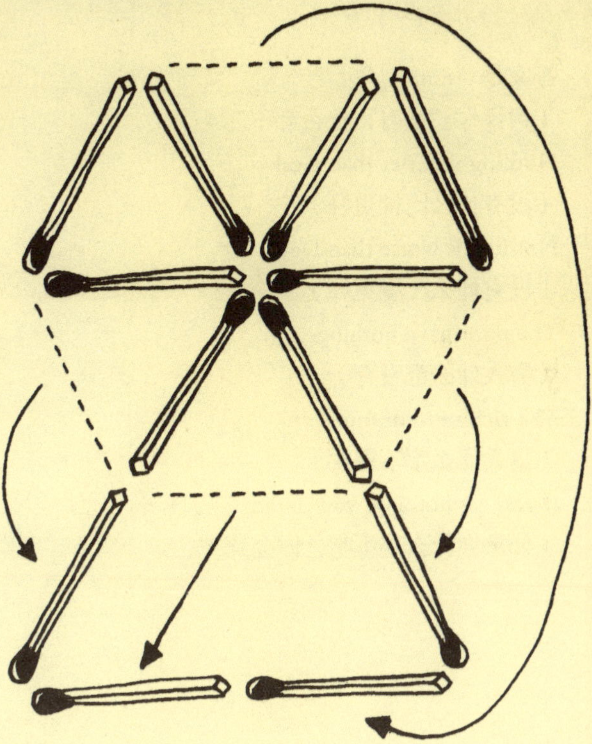

第124页的答案

niversity

教授的谜题

答案是"nothing"。
（可译作"没有，什么都不"）

Nothing is better than God.
（没有什么比神更好）

Nothing is worse than Devil.
（没有什么比魔更坏）

The poor have nothing.
（穷人什么都没有）

The rich need nothing.
（富人什么都不需要）

If you eat nothing, you'll die.
（如果你什么都不吃，你会死）

第125页的答案

n the shadow of the tower

阴影之下

  其实没什么不同，A 和B两个正方形的明暗度完全一样。是不是很神奇？

第126页的答案

loth

相交的斜纹

不会相交!这些斜线倾斜角度看着不一样,实际都是平行的!所以永远不会相交。

第127页的答案

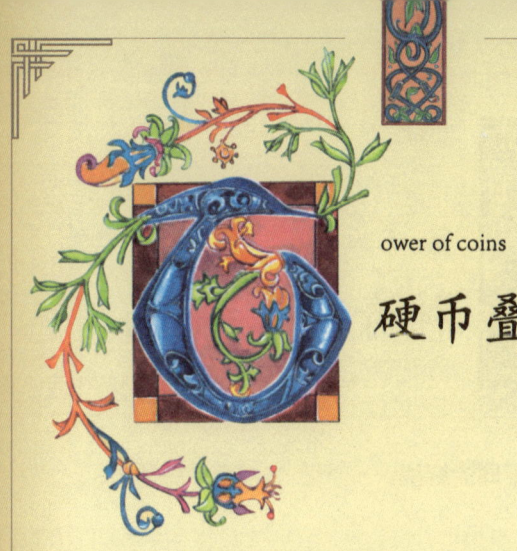

ower of coins

硬币叠塔

我们先把5叠硬币按顺序(顺时针或逆时针)分别标记为A、B、C、D、E。

这9次操作需要按照以下顺序进行:A、B、C、D、E、D、C、B、A。

第128页的答案

agic square

神奇的正方形

以下是两种不同的解法：

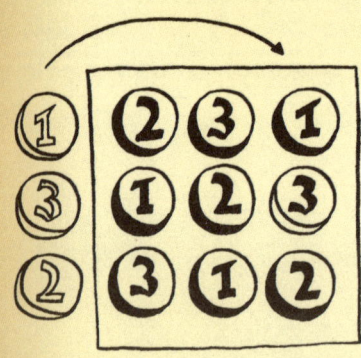

第129页的答案

ieces of pate

面包切片

有两种解法：

（1）按右图，在顶面进行十字切之后，从中间横着再切一刀。

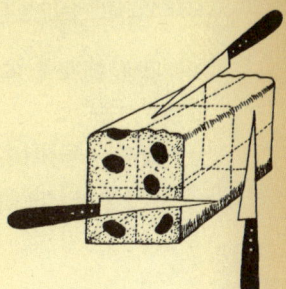

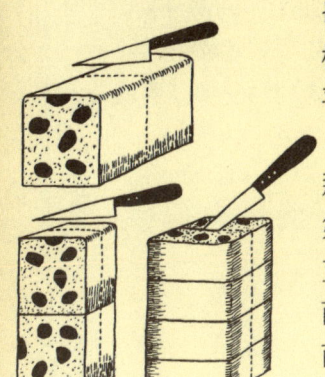

（2）按左图，第一刀按横截面切成两半，再将两个半块叠起来，按横截面再切一刀。最后把切好的4块平放叠起来再切一刀，即可完成。

其实如果用叠加方式来切的话，那第二种切法就有很多种组合，比如第三刀直接在第二刀的基础上，按垂直方向切，相当于第一刀切完再在顶面十字切；或者第二刀切完后将4块面包纵向排列，再按纵向的方向切第三刀等等。

第130页的答案

alettes

法式烘饼

我们将每个烘饼的两个面设为A面和B面,那么最快的方式如下:

(1) 1号烘饼A面和2号烘饼A面;
(2) 2号烘饼B面和3号烘饼A面;
(3) 3号烘饼B面和1号烘饼B面;

每个步骤耗时3分钟,所以一共需要9分钟才能做好。

也有其他的解法,但永远都是3个步骤9分钟。

答案这样反倒说复杂了,其实3个烘饼一共6个面,每次烤2个面就得烤3次,烤1次3分钟,那就是3×3=9分钟嘛。

第131页的答案

hich day?
今天星期几

星期日

第132页的答案

trange date

特别的日期

要写出来才会发现特别的地方:29/11/1192。这个日期是个回文形式,即从左往右读和从右往左读都一样,都是2-9-1-1-1-1-9-2。

第133页的答案

mall rectangle become square

图形变换

长方形的面积为2（长×宽=2×1=2），所以重组后的正方形边长必须为$\sqrt{2}$。所以，需要将原来的长方形剪出$\sqrt{2}$的边长（如下图）：

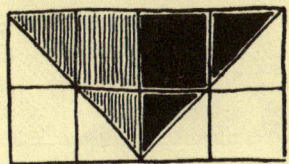

剪完之后拼接如下：

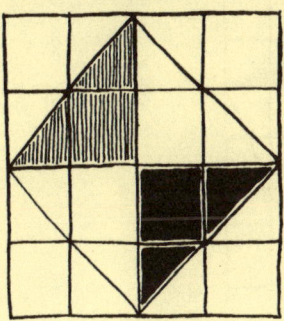

这样长方形就变成正方形了。

第134页的答案

ong rectangle becomes square

长图形变换

这个长方形的面积为5（长×宽=1×5=5），那么剪出来的正方形边长必须是$\sqrt{5}$。所以需要把原来的长方形剪出$\sqrt{5}$的边长（如下图）：

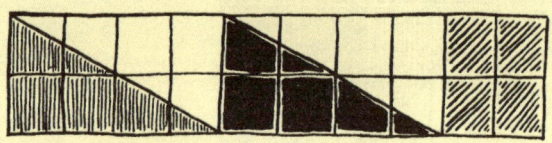

剪完之后拼接如下：

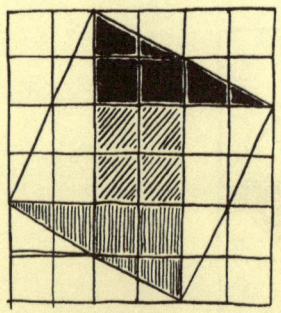

这样长方形就变成正方形了。

第135页的答案

Allegiance
谁在说谎

我们可以将各种可能的情况列表：

如果		那么		可能性
汤姆说的话	罗博说的话	汤姆效忠	罗博效忠	
为真	为假	约翰王子	约翰王子	不可能
为假	为真	李察王	李察王	不可能
为假	为假	李察王	约翰王子	可能

很明显，只有第三种组合满足要求，所以两个人其实都说了谎话。真实情况是汤姆效忠李察王，罗博效忠约翰王子。

第136页的答案

serfs

几个农奴

假定公爵夫人的话为真,那么公爵女儿的话也是真的,而由于只能有一个人的话为真,所以这种情况排除。而如果公爵儿子的话为真,那么要分两种情况:一种是人数在0~100之间(不含0和100);另一种是人数为0。如果第一种为真,那么公爵女儿的话也为真,不符合条件,因此排除。如果第二种为真,那么公爵夫人和公爵女儿的话都为假,满足题目要求。所以最后的结论为:在公爵土地上工作的农奴实际上一个都没有。

~~100~~ no serfs!

第137页的答案

roken soldiers

伤残比例

换个角度来看，按照题目的情况，也就是说有30%的士兵双眼俱全，有25%的士兵双耳俱全，有20%的士兵双臂俱全，15%的士兵双腿俱全。以上数字加起来，即是说有90%的士兵并非最严重的伤残。那么也就表示至少有10%的士兵失去了一只眼睛、一只耳朵、一条手臂和一条腿。

第138页的答案

abbit and hen

兔子和鸡

我们假设鸡的数量为x，兔子的数量为y。那么两种动物头的数量为x+y=8，脚的数量为2x+4y=28。由此列出二元一次方程组：

x+y=8

2x+4y=28

解开这个方程组就可以了。

由x+y=8我们可以得到x=8−y，将x的这个等式代入2x+4y=28之中，得出

2(8−y)+4y=28

16−2y+4y=28

2y=12

y=6

接着将y=6代入x=8−y，得出x=2，所以兰德家里有2只鸡、6只兔子。

第139页的答案

FFF

数字母

一共有6个字母"f"。

许多人会把"of"中的"f"遗漏,你是不是也栽在这了?

第140页的答案

quation in Arabic number

数字等式

$$545+5=550$$

如图，加一笔让"+"变成"4"。

第141页的答案

atchtower

瞭望台的哨兵

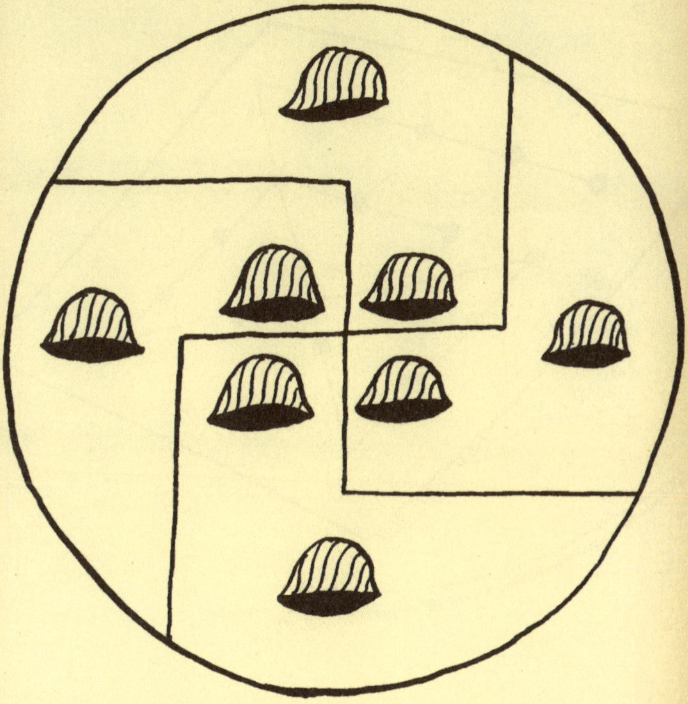

第142页的答案

Straight lines

一脉相承

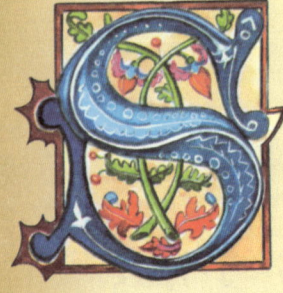

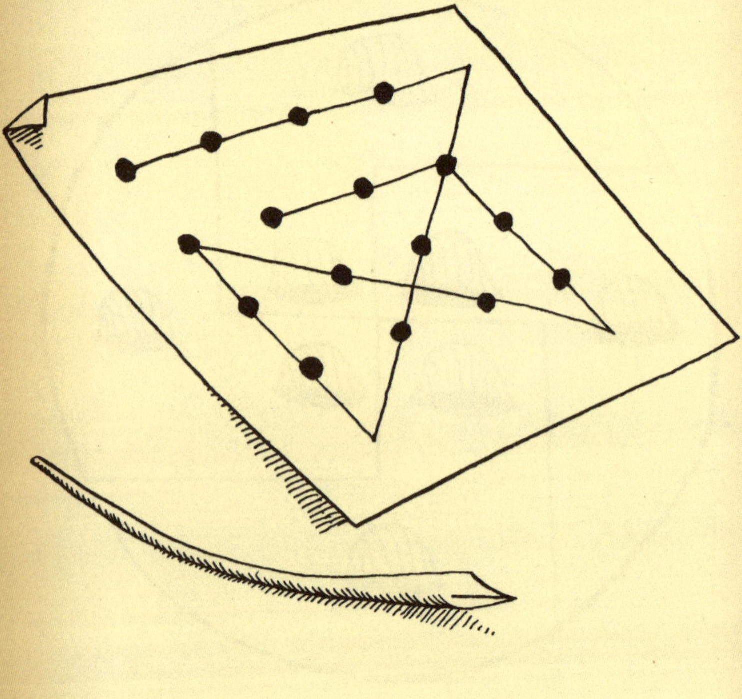

第143页的答案

he worm and the manuscript

书虫与手稿

答案是40.5厘米，而不是49.5厘米。

题目的描述中有一个很容易弄错的概念。大多数人会认为第1册的第一页和第10册的最后一页就是这一套书的两端，其实并不是！你可以自己在脑子里想象一下，一本书的第一页和最后一页在什么位置，然后把书放到书架上之后，第一页和最后一页又在哪个位置。是不是恍然大悟？

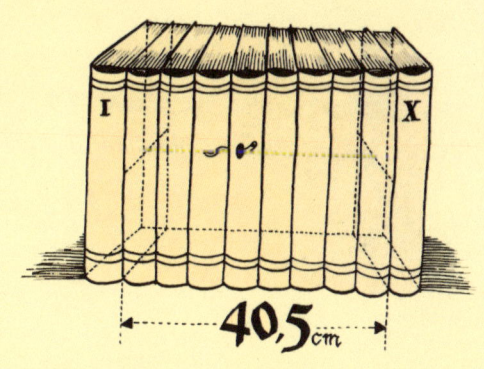

第144页的答案

rossing

交汇点

既然双方会相遇,那么相遇的那一刻所有人都在同一个地方,同A修道院的距离都是一样远啊!

第145页的答案

ogical series 4

推理序列（四）

很简单，按照嘴里念出来的内容，写下来就可以了（每一行都是对上一行的"统计"）：

one 1: 11 （一个1）

two 1: 21 （两个1）

one 2, one 1: 1211 （一个2，一个1）

one 1, one 2, two 1: 111221 （一个1，一个2，两个1）

three 1, two 2, one 1: 312211 （三个1，两个2，一个1）

所以下一个序列为：

one 3, one 1, two 2, two 1: 13112221 （一个3，一个1，两个2，两个1）

第146页的答案

o 4 in the sequence

序列里没有 4

我们来反向假设，假定这之中有个序列里会出现4，那么4的后面必然还会跟一个数字（所有的数字序列最后都以1收尾）。假设后面跟的数字为x，那么这个数列必须包含有4个x，按以下顺序：

① …… → ② ……axxxxb → ③ ……4x……

按照这个序列的特性，下一组数字就是将上一组数字分拆成多组，每组的第一个数字表示数量（即数字x有多少个），第二个数字表示被定量的数字（即数字x本身）。所以，对于刚才列出的第②个数字序列，可以分成两种情况：a是被定量的数字；a是数量。

先看第一种情况：a是被定量的数字，那么第②个序列的拆组情况如下：

……a | xx | xx | b……

倒推回去，序列②之前的那个序列①，就应该是有若干a，接着是x个x，然后又跟了一组x个x，然后有b个其他数字……

但这种情况说不通，因为同一个数字不可能列成两组，会直接写成2x个x，即：……a | 2x x | b……

所以这个假设错误。

接着再验证第二种情况：a表示数量，那么第②个序列的拆组情况如下：

……ax | xx | xb……

倒推回去，序列②之前的那个序列①，就应该是有a个x，接着是x个x，然后是x个b……

不过这种情况依旧不符合规则，也出现了同一个数字分成了两组的情况，应该直接写为(a+x)个x，即：……(a+x)x | xb……

所以这个假设也是错误的。

这样一来，可以得出结论：在任何情况下，原假设无法成立，即这样的序列中不会出现4。而且任何大于4的数字我们也可以证明出同样的结论，因此这一类的数字序列只会由1、2、3这3种数字构成。

第147页的答案

ishing

父子钓鱼

实际上一共就3个人：祖父、父亲和儿子。这3个人之中当然存在两个父亲陪着各自儿子钓鱼这种情况，并无第四人。

第148页的答案

art

行进的马车

没人说是在晚上啊!

第149页的答案

n the purse

硬币的面值

其中一枚不是10元的面值,那另一枚就是嘛。所以这个包里一共有1枚20元的硬币和1枚10元的硬币。

第150页的答案

hain
省钱的办法

最省钱的办法，就是将一整条三扣链全部断开，这样需要15元。然后用这3个扣将另外3条三扣链串起来（如图），即再做3次闭合，花费30元。这样一共花费45元。

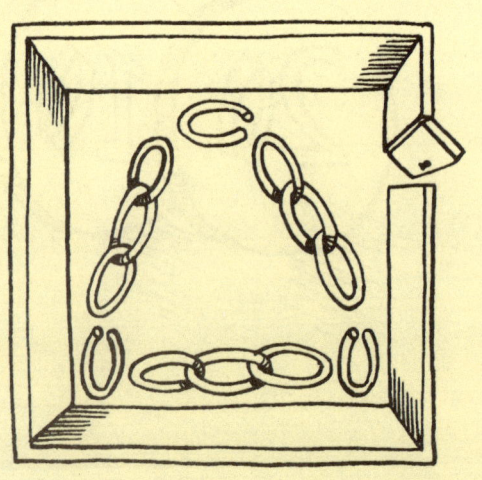

第151页的答案

hree-hander

三人游戏

由于9为奇数，那么唯一的可能性就是最后一局输的人是亚伯（赢的人手里的本金会翻倍，所以只可能为偶数）。那么在这一局（第五局）开始之前，他们3人的本金为：4（马丁）、18（亚伯）、5（林德）。

运用同样的方法，那么第四局输的人为林德，则开局前3人的本金为：2（马丁）、9（亚伯）、16（林德）；

接着，第三局输的人为亚伯，开局前3人的本金为：1（马丁）、18（亚伯）、8（林德）；

然后，第二局输的人为马丁，开局前3人的本金为：14（马丁）、9（亚伯）、4（林德）；

最后，第一局输的人为亚伯，开局前3人的本金为：7（马丁）、18（亚伯）、2（林德）。

第152页的答案

nkwell

墨水和笔

假设笔的价格为x，墨水的价格则为x+10。两件东西的价格一共为11元，所以有：

x+x+10=11

2x+10=11

2x=1

x=0.5

所以笔的价格为0.5元，墨水的价格为10.5元。

第153页的答案

tepping stones

调换石块

至少要移动15次才能完成要求。下图是每一步的操作方式。

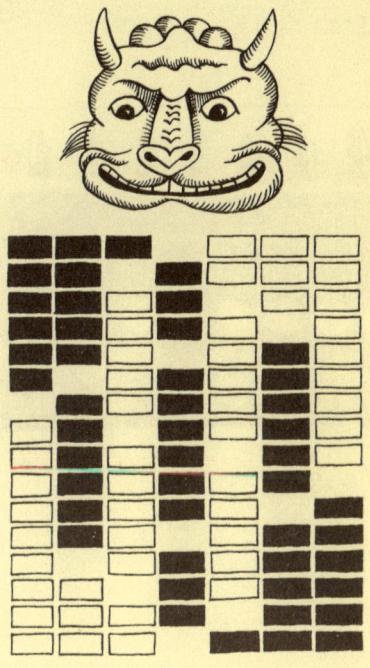

第154页的答案

athedral

教堂的圆柱

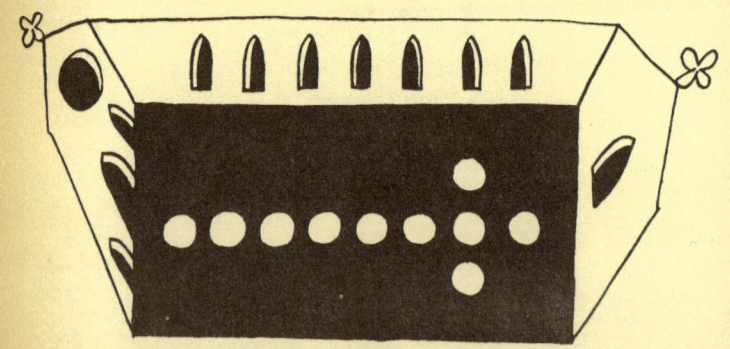

第155页的答案

orse race

骑马比赛

皮尔必然赢。

从第一个塔楼到第12个塔楼,中间经过了11段城墙(12-1=11),而从第12个塔楼到第24个塔楼,中间经过了12段城墙(24-12=12)。

皮尔少跑了一段路,当然能赢。

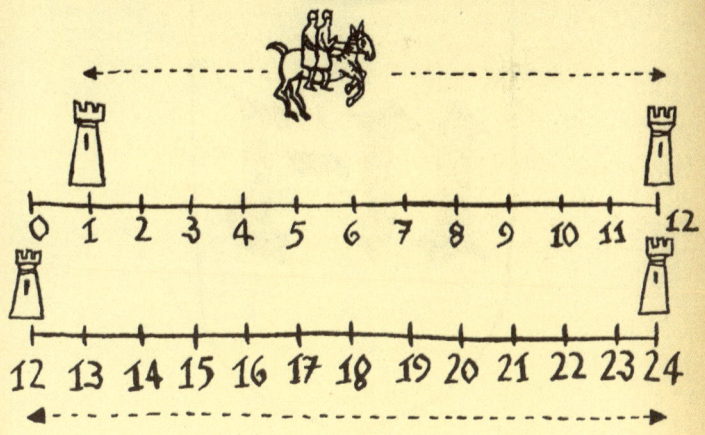

第156页的答案

uels

比武大会

由于每次比赛都会淘汰1位选手,最后只剩下1人,那么比赛的次数就是n-1。

第157页的答案

hree daughters
3个女儿

36的因数：3×3×2×2，那么有可能的组合为：

36-1-1 → 其总和为38
18-2-1 → 其总和为21
12-3-1 → 其总和为16
9-4-1 → 其总和为14
9-2-2 → 其总和为13
6-6-1 → 其总和为13
6-3-2 → 其总和为11
4-3-3 → 其总和为10

至于篮子里鸡蛋的数量，农妇是清楚的，但我们并不清楚。其实数出鸡蛋的数量，对照上面的表格就能得出结论，而农妇无法做出判断的唯一理由，就是鸡蛋数量为13，出现了两种可能的组合。所以3个女儿的年龄组合要么是6-6-1，要么是9-2-2。

最后一个条件，妇人提到"最大的那个"，说明年龄较大的长女只有1个，所以只有9-2-2组合符合要求，因此妇人的长女9岁，另有一对双胞胎女儿2岁。

第158页的答案

ose bush

玫瑰灌木

假设玫瑰灌木的高度为x厘米,根据题目则有

x=30+0.5x
0.5x=30
x=60

所以玫瑰灌木的高度为60厘米。

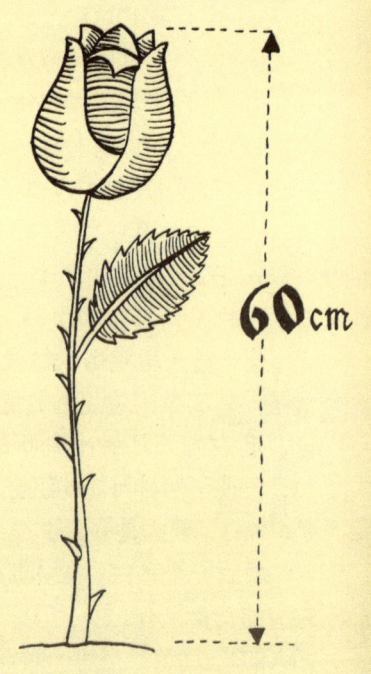

第159页的答案

andles

节俭的修士

4支。

9个尾端的确是可以做出3支蜡烛来,但这3支蜡烛烧完后又会留下3个尾端,所以还能做出1支来。

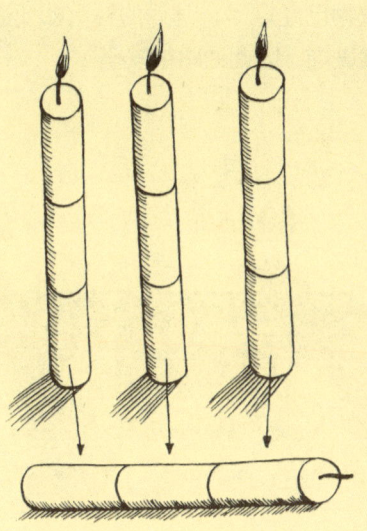

第160页的答案

orest fire

森林大火

国王必须下令停止前进，并在队伍前方点火。由于风速为80千米/小时，火势向前蔓延的速度要比国王军队的行军速度快很多。这个时候国王再下令启程，森林里被火烧过的地方就会留下一条通路了（而且通路上的植物已经烧尽，身后的林火即便追上了队伍也无法持续燃烧，因此通路很安全）。

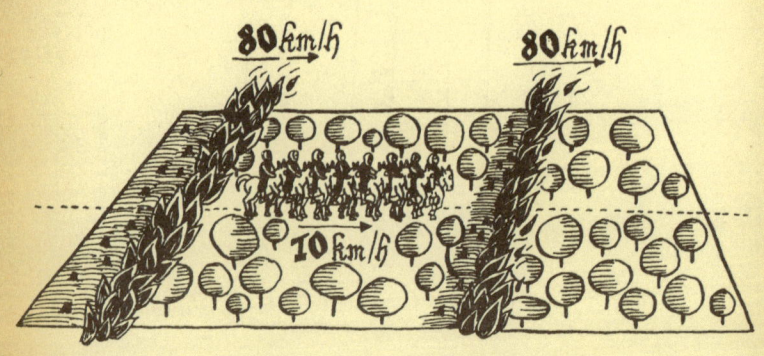

第161页的答案

eversing triangle

弓箭转向

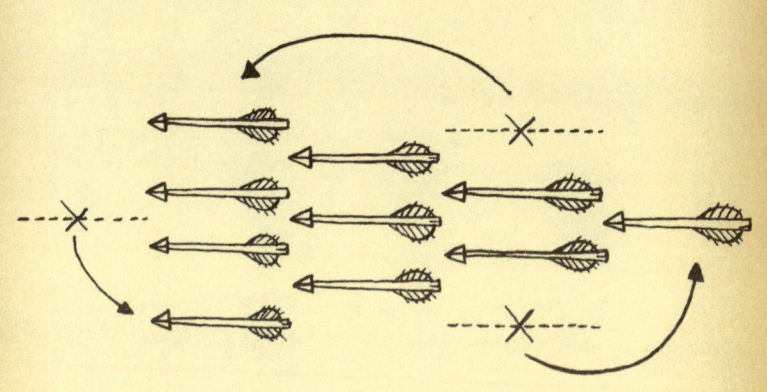

第162页的答案

ose windows

花窗上的圆

其实两个圆圈直径相同。有意思吧?

第163页的答案

ogical series 5

推理序列（五）

这些奇怪的符号，其实就是阿拉伯数字1到7与其水平镜像放在一起形成的图形。所以最后缺的为8和9的对称符号。

第164页的答案

ather and son

父子年龄

得到当前年份数字的两倍。

第165页的答案

Torture
严刑拷打

应该说:"我将被剁成4块!"这样就让敌人陷入了两难的窘境:如果他把你剁成4块,就使得你的陈述为真,这样他就该用火烧死你。但如果他将你烧死了,那又会让你的陈述为假,而说假话是要被剁成4块的。他没办法在不食言的前提下杀掉你,所以运气好的话没准还能平安脱困。

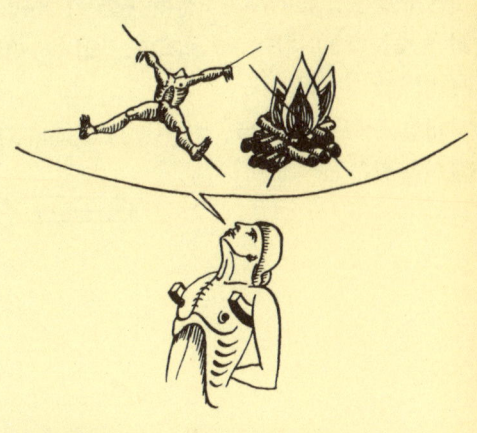

第166页的答案

he lance

长矛进城

骑士去城外的木匠那定做了一个长方形的盒子，尺寸为1.2米×0.9米（如下图），如果将盒子的一组长和宽看做是直角三角形的两条直角边，那么盒子的对角线就是该三角形的斜边。

提示：直角三角形斜边的平方等于另外两边的平方之和。

这个盒子，长的平方+宽的平方=$1.2^2+0.9^2=2.25$，那么对角线长度的平方就等于2.25，所以对角线为1.5米。正好可以放入那根长矛。

而盒子的长为1.2米，并不违反城堡内的禁令，所以守卫只能放行。

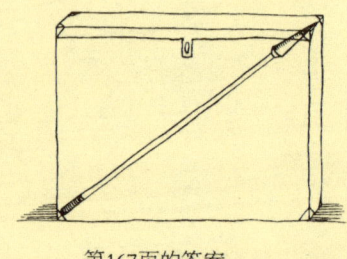

第167页的答案

taircase

城堡的楼梯

如果两人合作,只需要两周的时间就可以完成。

让佛州的建筑师修建 $\frac{1}{3}$ 的楼梯,同时让法州的建筑师修建另外 $\frac{2}{3}$ 的楼梯即可。

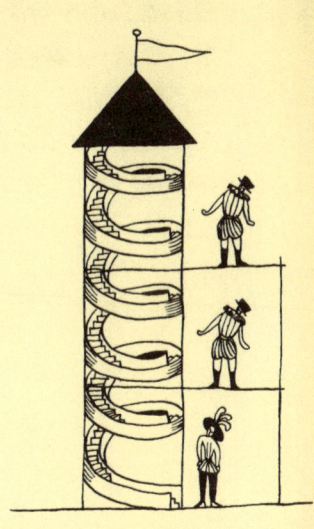

第168页的答案

million hairs

头发一样多

假设是成立的。

如果人口的总量大于单人的最多头发数量,那么即便是每个人的头发数量都各不一样,也不足以覆盖到人口总量的数字。从本题来看,由于每个人的头发都不超过100万根,那么头发数量顶多也就是(100万+1)种不同的情况(算上没头发的),所以剩下(1500万-1)个人的头发数量必然都介于0至100万根之间。所以有些法国人的头发数量必然相同。

不过头虱就不一定了。

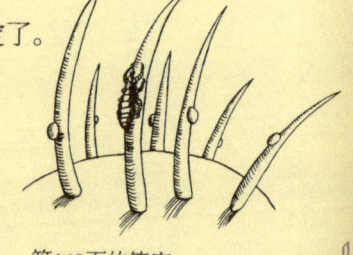

第169页的答案

hree Germans

3个德国人

这3个德国人都是女性！

第170页的答案

ue south house

房子的朝向

可能!因为这栋房子在北极!

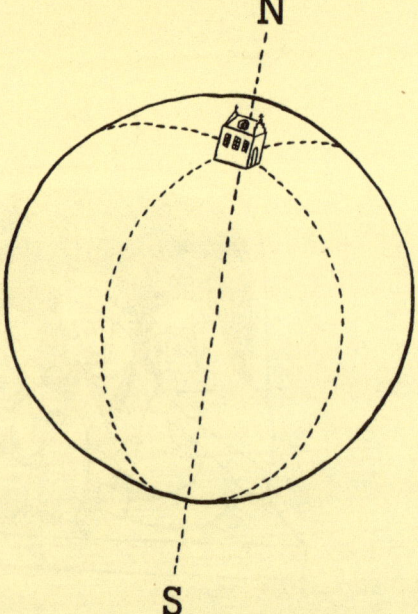

第171页的答案

ass-time

沙漏计时

按以下步骤进行:

(1) 将两个沙漏都倒过来,等小沙漏漏完,那么时间过了4分钟。

(2) 不动大沙漏,把小沙漏再倒过来重新计时,等大沙漏漏完,那么时间一共过了7分钟。

(3) 不动小沙漏,把大沙漏再倒过来重新计时,等小沙漏漏完,那么时间一共过了8分钟。

(4) 这个时候立即把大沙漏再倒过来,等其漏完了就刚好9分钟,酱料就加热完成了。

第172页的答案